L'amour fou ou la mort du fou

Chansons et poèmes

Pierre Dabernat

L'AMOUR FOU
OU
LA MORT DU
FOU

(page 18 et 74)

Poèmes et chansons

J'ai écrit ces vers il y a longtemps
A l'aube de ma vie
Du temps de ma jeunesse
Ma jeunesse qui dure encore
Puisque je ne suis pas mort

Pour Rosita et Sariane mes filles
mercredi 7 mai 2008

Du même auteur chez Bod

La 403

Les sorciers de Tinerghir

Mirida et le collier de l'existence

Le dernier des adultes

Martix l'humain et Martix la mécanique

Les cinq mains de Dieu

Putain d'oiseau (polars)

La naissance d'un commissaire

Les flèches dans le cœur

Le clodo des Carmes

Entre Matabiau et Saint Sernin (nouvelles)

La fille de joie

Sur le pas de sa porte, belle et troublante comme
Son parfum odorant, maquillée, provocante,
Accrochant le regard brillant de tous les hommes
Qui défilaient sans cesse la poitrine battante.

Elle avait les cheveux aussi noirs que ses yeux
Qui lançaient des éclats de fiers défis brûlants
Capables d'ébranler même le cœur de ceux
Qui n'ont jamais osé suivre un jour leur élan.

Son chemisier ouvert, aussi bas que son ventre,
Exhibait les deux seins à toute l'avenue,
Et dans ce nid, blottie, gardienne de cet antre,
Une perle d'argent dormait sur la peau nue.

Une jupe en soie blanche, fendue jusqu'à mi-cuisse,
Donnait à ses deux jambes, de noir toutes gainées,
Un don fou d'exciter pour que l'homme ne puisse
Livrer trop dur combat à son porte-monnaie.

La fenêtre donnait sur son coin de trottoir.
Quand ma mère croyait que j'étais dans mon lit,
Sur la pointe des pieds, je longeais le couloir
Pour aller contempler cette fée si jolie.

Du haut de mes dix ans je l'appelais ma reine.
Sur le carreau gelé, où j'écrasais mon nez,
Je croyais qu'elle était venue comme marraine
Se pencher sur mon front le soir où je suis né.

Je savais qu'on l'aimait beaucoup dans le quartier
Et je vis même un soir mon père lui parler,
Et grimper avec elle dans le grand escalier
Où seuls les grands étaient autorisés d'aller.

Les années s'écoulèrent et je grandis méchant.
Très vite j'ai compris pourquoi les jours de froid
Elle demeurait quand même, grelottante, aguichant
Les hommes qui passaient devant elle bien droits.

Et malgré la laideur du temps impitoyable,
Elle restait toujours, désirable, excitante...
Tous mes rêves de gosse, je sais c'est pitoyable,
Glissèrent sur la pente des amours haletantes.

Un soir de mes vingt ans, le môme a étouffé.
Elle savait très bien qu'en moi viendrait l'envie
De coucher avec elle et c'est ce que j'ai fait
Mais ce jour-là ce fut le plus gris de ma vie.

Refrain :

Au clair de la lune tu brûlais ta vie,
Au clair de la lune pour ceux qui avaient envie
Au clair de la lune tu remplissais le cœur
Au clair de la lune d'un enfant rêveur.

Grenoble 22 Août 1974

Le poteau téléphonique

Il est là, toujours droit, taillé dans de l'érable,
Dans le creux du fossé, sur le bord du chemin,
Et son corps tout ridé, honteux et misérable,
Tant qu'il le peut résiste à l'oubli des humains.

Il y a déjà longtemps qu'il ne sert plus à rien
Et les fils qu'il portait, qui le rendaient si fier,
Ont fini arraché par les mains d'un vaurien
Et personne n'a su tout ce qu'il a souffert.

Il connaissait par cœur les habitants du coin
Qui souvent se parlaient avec leur téléphone,
Et lui, il écoutait, il était le témoin,
De la vie quotidienne de toutes ces personnes.

Il avait un copain. C'était un vieux pylône,
Beaucoup plus haut que lui, qui avait pour mission
D'éclairer devant lui, de sa lumière jaune,
Un bout d'obscurité sans grande prétention.

Maintenant il est seul gardant comme un trésor
Les signes qu'autrefois les jeunes amoureux
S'amusaient à graver, sans trop faire d'effort,
Car son bois était tendre et n'était pas véreux.

Ce n'est plus qu'un mendiant qui implore pitié.
Il est sale et durci, mangé par mille vers,
Mais toujours, face au temps, refuse de plier
Et la lutte acharnée reprend à chaque hiver.

Quand le printemps est là il peut se reposer,
Car, là-haut, le soleil est toujours son ami.
Il reprend quelques forces pour ne pas s'écraser
A la première charge lancée par l'ennemi.

Il connaît bien sa force. Il sait qu'il peut tenir
Encore des années mais peut-il se douter,
Ce vieux tronc ravagé, qu'il va bientôt finir
Sur le gros tas d'ordures de la grande cité ?

Mon bulldozer avance mais dans mon cœur j'ai froid
Car je vais arracher vingt ans de souvenirs...
Je me revois encore, amoureux, maladroit,
Retraçant nos deux noms comme pour nous unir.

Je n'ose même pas descendre et regarder
Et mes deux mains qui tremblent essayent, mais en vain,
D'arrêter la machine qui ne va pas tarder
A balayer d'un coup ce beau jour si lointain.

Ramonville Saint Agne Janvier 1972

La droguée

La veine, ce ruisseau, en d'ignobles endroits,
Trouée comme un tuyau par dix doigts maladroits,
Une aiguille qui perce la peau tendre écorchée,
Et des larmes qui percent d'une pauvre accrochée.

L'image m'emprisonne... Souvenir consterné…
Pascale jolie môme et tes grands yeux cernés…
Brusquement se déchire le plaisir qui se cogne
Dans un cœur de cachemire qui se bat et qui grogne.

Puis l'envol dans les nues, pour un très long voyage
Dans un rêve inconnu et sans autre bagage
Qu'un sourire béat, et figé pour une heure,
Qui pour elle sera l'évasion, le bonheur.

Ses deux bras sont des pinces, sémaphores tragiques
Qui s'agitent et qui grincent sur un ciel magnifique,
Tandis que dans sa gorge, dans son corps si gracile,
Le poison se rengorge d'un assaut trop facile.

Marrakech et Séville, Athènes et Katmandou,
Elle revoit ces villes, ces visages si doux,
Ces chambres enfumées, la nuit quand il fait tard
Sur des copains vautrés à fumer le pétard.

Souviens-toi de Martine qui serrait le garrot
Préparant l'héroïne sous des airs de robot.
Puis le sang qui s'étire dans la seringue pleine
Démontrant que l'on tire du premier coup la veine.

Et le flash merveilleux qu'elle a dû ressentir,
Puis le flip silencieux pour ne plus atterrir
Avant de s'en aller, d'une bonne overdose,
Lèvres noires et gonflées, digne mort d'une rose.

Pascale maintenant tu bousilles ta vie.
Tu t'en fous, c'est marrant ! Et tu crèves ravie…
Je suis là comme un arbre, je m'agite en plein vent.
Dans mon cœur c'est du marbre. Est-il mort ou vivant ?

Grenoble 24 Janvier 1974

Les crayons de couleur

Hier soir j'ai découvert sous un vieil escalier,
Un bout de mon enfance, souvenir d'écolier,
Des crayons de couleur qu'on m'avait achetés
Dans une boite en fer, maintenant à jeter.

Je m'assis sur les marches accusant le réveil
De mes jeunes années après ce long sommeil.
Je me revis gamin, croquant du chocolat,
Et dans la cour d'école au cœur d'un pugilat.

Les crayons oubliés n'avaient guerre servi.
J'étais trop occupé à gaspiller ma vie.
Je ne les aimais pas, ils n'étaient que babioles
A mes yeux extasiés devant les gaudrioles.

Ainsi toute ma vie, ma vie de chemineau,
Doucement est partie glissant comme un traîneau
Sur la neige du temps, immobile, éternelle,
Jamais je l'ai sentie si proche sentinelle.

Au lieu de m'inquiéter, de la faire voyager,
De lui trouver quelqu'un et de la soulager,
Dans les minces plaisirs des caves enfumées
Je l'ai vite oubliée, comme à l'accoutumée.

Mes crayons de couleur, bien rangés, affûtés,
Se demandent comment ai-je pu les quitter ?
Mais personne ne sait pourquoi j'ai trébuché
Sur tous les gros cailloux que mes souliers touchaient.

Je crois que je n'ai pu aucune femme aimer.
Celles que j'ai couchées avaient la renommée
D'avoir le cœur ouvert à tous ceux qui voulaient,
Pour quelques pièces d'or acheter leur beauté.

La nuit qui me connaît me voit toujours tenace,
Éternelle habitude, dégradante et vorace.
Ma joue est balafrée, mon corps est imbibé
Par l'alcool qui me tue et me tient tout courbé.

Adieu mes beaux crayons. Arrêtez de pleurer !
Ce n'est pas maintenant qu'il fallait m'éclairer.
J'attends sans impatience qu'enfin ma vie s'abrège,
Inutile fardeau, sans rien qui la protège.

Toulouse 20 Janvier 1973

Maria

Habillée de guenilles, de vieilles espadrilles,
Dans le froid des Pyrénées, en mère, en fille aînée,
Tes frères et tes sœurs et la guerre dans le cœur,
Sur l'Espagne tu pleurais, aux gens tu déclarais :

Refrain
Plus la peine de se tuer, on va tous y passer !
Qu'on soit blanc ou qu'on soit rouge,
La mort tape dans tout ce qui bouge.
Plus la peine de geindre, on va tous te rejoindre !
C'est la seule égalité que Dieu a su trouver.

Puis tu fis connaissance de mon pays la France,
Bidonvilles, barbelés, ce qu'il y a de plus laid.
Dans les rues de Toulouse, Maria, belle andalouse,
Tu étais la plus gaie sans avoir oublié.

Ta maison misérable n'avait rien de minable.
J'ai vu même des anciens y pleurer sur ton sein.
Tu donnais à croquer à ceux qui débarquaient
Ton dernier bout de pain sans penser à demain.

Tes exploits de guerrière, d'anarchiste écolière,
Sur accord de guitare me reviennent en mémoire.
Puis un jour de tristesse, par oubli, maladresse,
Un docteur t'a rayé de la liste « Réfugiés ».

Maria, tu étais la vie, ta force me fait envie.
Dans mon espace carré, mon futur préparé,
Avec ton souvenir, ton image, ton sourire,
M'arrive de retourner au village où t'es née.

Toulouse 1973

L'amour fou

L'amour fou est un souffle qui s'engouffre en ton cœur.
Il balaye l'ennui qui t'empêche de vivre.
L'amour fou c'est un voile qui étouffe la peur
De la mort solitaire, froide comme le givre.

C'est un bel oiseau blanc qui découvre l'air pur,
Poussé par la folie du vent désordonné.
Rien ne l'effrayera. Il vole vers l'azur,
Évitant les remous des villes sinistrées.

C'est l'unique vaccin contre ce foutu monde.
Il redonne la vue aux aveugles du cœur.
Il relève tous ceux et qui doutent et qui tombent
Et qui, jusqu'à ce jour, n'ont connu que froideur.

En prison il enferme l'assassin habitude
Qui tue les malheureux et trame leur suicide.
Le raisonnable aussi avec la servitude
N'osent plus se montrer à l'amour qui préside.

L'amour fou est très rare et pour le dénicher
Il faut avoir vingt ans, de cœur bien entendu,
Et quand on le capture il faut bien l'attacher
Pour qu'il soit protégé contre l'inattendu.

L'amour fou oui c'est toi ma très chère compagne,
Ta beauté si fragile, au milieu des épines,
J'en ai bu le nectar aussi doux qu'un champagne
Quand ta vie sur la mienne, enfin, a pris racine.

La Tronche Hôpital militaire 12 janvier 1974

Je suis de ceux qui disent

Elles sont un peu ridées et mères de famille.
Les seules à croquer ont l'âge de ma fille...
Je suis de ceux qui disent qu'on ne doit pas aimer
Même la plus exquise ou la plus enflammée.

C'est comme un goût d'inceste de tomber amoureux,
D'ajouter comme un zeste d'un amour sulfureux
Sur une vie trop pleine et de se distinguer
En répétant je t'aime d'une voix fatiguée.

Il y a des vieux schnocks, la panse rondelette,
Qui sur un air de rock épousent des jeunettes.
Je suis de ceux qui clament que c'est pour le magot
Que ces petites femmes draguent ces gros nigauds.

Et quand les cloches sonnent pour le petit bébé,
Il n'y aura personne, et même pas l'abbé,
Pour dire à cet enfant: « Et bien oui! C'est ton père
Cet homme si fringant... ce n'est pas ton grand-père.»

Il y a des rombières qui s'offrent des jeunots.
Ils ont bonnes manières et jouent même du piano.
Je suis de ceux qui pensent que pour la bagatelle
C'est pas toujours Byzance sous les draps de dentelles.

Et quand le gigolo, un beau matin, se tire,
C'est pas très rigolo pour elle de sentir
Que c'est pour le pognon et pour tous les cadeaux
Qu'il était si mignon et qu'il était si beau.

Les jeunes de vingt ans rêvent à leurs folies.
Ils s'aiment, ils sont amants et s'amusent au lit...
Mais au fond de moi-même, de ma mauvaise foi,
Oui je veux que l'on m'aime d'amour une autre fois.

Et si j'avais la chance, avant d'être trop vieux,
D'une dernière danse, d'être béni des dieux,
Je voudrais sans remord la plus jeune d'entre elles
Dire non à la mort pour les yeux d'une belle.

Léran 3 novembre 1991

Je suis libérable

Moi le soldat perdu, au fond de cette ville,
Soudain je réalise qu'à nouveau, là-haut, brillent
Le soleil et la vie,
L'amour et la chaleur
De mon nouveau chemin
Qui me fait un peu peur.
Je suis libérable !

Adieu caserne austère, adieu képi doré,
Adieu la pissotière à l'air mal épuré,
La poussière des chambres,
Les danses du balai,
Les veilles de permission,
Si tu veux t'en aller...
Je suis libérable !

Et je vais retourner vers tous mes vrais amis
En laissant mes copains qui n'ont pas tous fini
Avec le réfectoire,
Les gardes et les corvées,
Et les petits chantages,
Dès le matin levé.
Je suis libérable !

Le fusil à l'épaule, le coup dur qui meurtrit,
Les oreilles qui sifflent et les douillent qu'on trie,
Sont plus que souvenirs,
Très mauvais souvenirs.
Fusils et baïonnettes
Oubliez l'avenir.
Je suis libérable !

Je reprends l'uniforme de mes jeunes années,
La vie réglementaire des feuilles abandonnées,
Bien droit au garde-à-vous,
Couché au pied d'un arbre,

Une fleur à la bouche,
Bien loin de tous les sabres.
Je suis libérable !

Adieu le trou puant où l'on jette le jeune
Qui refuse l'armée et qui croit, par le jeûne,
Pouvoir faire changer
Un commandant bourgeois,
Calé dans ses idées,
D'un esprit trop étroit.
Je suis libérable !

Et je suis très heureux de vivre un temps de paix.
Mon problème est facile la guerre n'a frappé
Que les gars d'ailleurs
Qui sont les vrais soldats,
Ceux qui reviennent un soir
Ou qui ne peuvent pas.
Je suis libérable !

Et demain je retourne vers mon petit chez-moi
Où ma fiancée m'attend, le cœur tout en émoi.
Et dans vingt ans j'espère
Que mon fils n'aura guère
Qu'à faire comme moi,
Sans connaître la guerre
Je suis libérable !

                              Grenoble septembre 1974

Tire-toi le marin !

Un bateau est parti dans la brume un matin.
Un amour a fini, tire-toi le marin !
A la proue du navire les embruns te caressent,
Et le froid t'a giflé, tu as le cœur S.O.S.

La tempête fait rage et la coque a gémi.
Vieux Neptune en colère veut ta peau mon ami.
Il connaît ton amour et il flaire une proie.
Oh, marin tient le cap, souviens-toi d'autrefois.

Filles nues dans les îles, sous le ciel bleu d'azur,
Vont te faire oublier ses yeux verts bien trop purs
Et son corps de statue, perfection modelée,
Sur laquelle ton navire est venu se couler...

Un conseil le marin, t'arrêter c'est trop tôt.
Dans les ports tu pourras trouver ce qu'il te faut.
Tu verras qu'il existe d'autres yeux, d'autres voix,
Les sirènes ça voyagent et l'amour est leur loi.

Refrain :

Voiles blanches claquent au vent
Et regarde les cormorans.
Ils sont libres comme des rois
Vers les îles envole-toi.

Grenoble 12 Août 1974

Il n'y a pas pire…

Il n'y a pas pire monsieur que d'épouser ma femme
Car elle te râpe l'âme
Par petits coups, petits coups, petits coups…
Elle dit : je t'aime tant ! C'est pas pour me déplaire
Et je me laisse faire
Par ses mots doux, ses mots doux, ses mots doux…
Elle m'a pris du paquet, je suis comme un biscuit
Et grignote ma vie
Par petits bouts, petits bouts, petits bouts...
Elle dit : tu as raison ! Mais n'en fait qu'à sa tête
Et jamais ne s'arrête
Ça me rend fou, ça me rend fou, ça me rend fou...

Une épouse modèle qui se pend à mon bras
C'est beaucoup de tracas
Et c'est pas tout, c'est pas tout, c'est pas tout...
Je dois rester fidèle, défense de poser
Un seul petit baiser
Sur un petit cou, petit cou, petit cou…
J'ouvre mon portefeuille, c'est pour la bonne cause,
Au téléphone elle cause,
Elle prend mes sous, prend mes sous, prend mes sous…
Et quand je fais la tête, elle planque ses nichons,
Me dit : ce soir c'est non !
Car tu es saoul, tu es saoul, tu es saoul...

Elle aime les enfants, les filles et les garçons
Et donne des leçons
Oui tous les jours, tous les jours, tous les jours…
Elle a de la morale, aime bien sa belle-mère,
Oh ! c'est de bonne guerre...
Et elle dit vous, elle dit vous, elle dit vous…
Elle conduit sa voiture, sa vie avec bonheur,
Se gare à toute heure
Oui! n'importe où, n'importe où, n'importe où…
Elle aime aussi les fleurs, pour son anniversaire

Je lui offrirai ces vers
Et des mots fous, des mots fous, des mots fous…
Elle a son mot à dire car elle a plein d'idées
Me coupe la télé
Oui! tous les jours, tous les jours, tous les jours…
Ses fringues ne sont pas chères, pour s'habiller c'est sûr
Tous les matins c'est dur,
Oh! c'est pas cool, c'est pas cool, c'est pas cool…
Mais après tout, monsieur, je crois bien que je l'aime,
Même quand j'ai de la peine
Que tout se noue, tout se noue, tout se noue…
Nous nous réconcilions comme de vieux amants
La guerre de cent ans
Oui! c'est pour nous, c'est pour nous, c'est pour nous…

16 Novembre 1991
Rue Tolosane Toulouse

Le vieux cimetière

La vieille porte noire de lutter ne veut plus
Car sur elle s'acharne, toujours, le soir le vent
Et le vieux cimetière, qui aux morts a tant plu,
Ne tente plus personne, il n'est plus comme avant.

Dans l'écho de la nuit, le soir, un tout vieil homme,
Sur les ombres qui tombent recherche son passé.
Son pas est mesuré, le souffle est économe,
Écrasé de fatigue, il est dans ses pensées.

Du fond de leur caveau, quand se cache la lune,
On dirait que les morts, dans l'espoir insensé
D'attirer l'attention du visiteur nocturne,
Lui content le tourment de sa chère fiancée.

Ils paraissent tranquilles, du moins, ceux qui le sont…
Mais beaucoup se retournent, sans cesse, dans leur trou.
Ils ne peuvent dormir, leur âme est en prison,
Subissant le remord aussi fort qu'un écrou.

Et le souffle glacial qui balaye l'allée
N'appartient pas au vent. Il passe par-dessus
Les croix et les chapelles, lugubre et désolé,
Enveloppant la terre comme d'un pardessus.

Mais l'étrange vieillard ne craint pas le néant.
Au-delà de ses yeux on y voit l'avenir,
Parée d'un voile blanc, devant un trou béant,
La mort a revêtu les traits du souvenir.

Refrain :   Et la cloche sonne, sonne, sonne … (bis)

1973-1974

La vie du mauvais côté

Moi je prends la vie qui vient, vie du mauvais côté...
Peux pas faire autrement car je suis bien coincé,
Le dos contre le mur, à l'abri de la pluie,
Mon chien entortillé sur mon vieux sac de cuir.

Car je vis dans la rue, la rue de tous les jours,
La rue qui sent mauvais, la rue qui nous vomit,
Comme nous vomissons notre trop plein de rouge,
Les tripes assassinées par notre vie de chien.

Moi je prends la vie qui vient, vie du mauvais côté...
A sept heures du soir, couché sur un carton,
La tête sous mes haillons, éloigné des regards
De ceux qui disent rien, je pleure et j'ai la haine.

Car je vis dans la rue, la rue qui m'a soumis,
La rue qui m'a dompté, la rue qui m'a détruit,
Comme nous détruisons ce qui existe en nous,
Et notre dignité, perdue dans la bouteille.

Moi je prends la vie qui vient, vie du mauvais côté...
Je voudrais travailler, qu'on me donne ma chance,
Ferais n'importe quoi... Mais qui va s'arrêter,
Qui va me demander, avec la gueule que j'ai ?

Car je vis dans la rue, la rue qui m'a sali,
La rue qui m'a tout pris, parce que j'ai trébuché,
Parce que je suis tombé et qu'il n'y avait personne,
Personne pour m'aider, personne pour m'aimer.

Moi je prends la vie qui vient, vie du mauvais côté...
Dans tous mes souvenirs il n'y a que des fantômes,
Des chemins tortueux, des rendez-vous manqués,
Des plages abandonnées, sans rêve et sans soleil.

Car je vis dans la rue, la rue qui m'a courbé,
La rue qui va me tuer. Il n'y aura personne,
Personne pour m'enterrer, personne pour pleurer,
Personne pour prier, je partirai tout seul.

Refrain :

Donne-moi une pièce monsieur
Car j'ai besoin de toi...
Donne-moi une pièce madame
C'est juste pour ma bouteille...
Donne-moi une pièce jeune homme
Je ne suis pas costaud...
Donne-moi une pièce jeune fille
C'est pour me tenir chaud...

41 Place des Carmes
Toulouse 1992

Le père Louis

Toi qui aimes la vie, ta femme et le bon vin,
La couleur du soleil, ton gentil patelin,
Quand tu viendras chez moi nous irons, promeneurs,
Au cœur de ma cité, dans la rue des Tourneurs.

Et nous irons vider deux ou trois gobelets
D'un petit quinquina assez croquignolet
Chez le bon père Louis, accoudés au tonneau
Où l'on retrouvera les ennemis de l'eau.

Le pescadou est là encore tout râlant
De la truite manquée et tous ses mots roulants,
Ponctués de : oh con ! dans le troquet résonnent,
Pareils aux gros galets charriés par la Garonne.

Alors le vieux pépé, son béret bien coincé,
La pipe entre les doigts viendra te relancer
Pour parler du petit qui a marqué l'essai
Faisant gagner le stade contre les Écossais.

Une femme coquette, dans le dos de ces hommes
Rigolards et rougeauds, chauvins mais bonnes pommes,
Son plateau à la main, assure le service,
Ramasse la monnaie, essuie le vin qui pisse.

Rien ne pourra bouger… Les jeunes qui reviennent
Ne veulent pas changer la façon toulousaine,
Après le dernier verre, qui est de claquer sa langue
Avant de remarquer que tout le bistro tangue.

Et puis nous essaierons de monter dans le douze
Qui nous ramènera vers nos chères épouses,
Et nous balbutierons devant leurs airs sévères :
Excusez-nous chéries, nous revenons d'en ville !

Toulouse 13 Février 1977

29

Quand je me suis perdu

Ce soir, le ciel est gris. Je suis un homme triste.
Je marche dans la rue, les jambes fatiguées
Par tous les kilomètres et tout ce que j'ai vu
Tout au long de ma vie, de ma route d'artiste,
Où je me suis perdu en cherchant la beauté.

Je cherche dans les yeux de ces milliers de femmes
L'oubli d'un grand amour que je n'aurais jamais.
Je suis exsangue et froid de tous les sentiments,
Étonne et fiévreux, je ne sais pas pourquoi,
Pourquoi je suis perdu, moi qui rêve de beauté....

Accroché à ma bière, j'explique à cette fille,
Je suis toujours le même, avec tous mes regrets,
Et si tu veux venir rêver sur mes « je t'aime »,
Tu verras le soleil, tu verras comme il brille,
Avant d'être perdu en cherchant la beauté.

Mais la fille du bar a préféré s'enfuir.
Elle m'a laissé son verre et ses ronds de fumée.
J'aurais dû lui parler avec art et manière
Mais ce n'est pas facile les filles à séduire
Et pour qu'elles vous suivent en rêvant de beauté.

Je repars dans la rue, je laisse aller mes pas.
Il n'y a plus que des ombres sur des raies de lumière.
Je vais rentrer tout seul et ranger les décombres
De tous mes souvenirs, tout ce qui ne fut pas,
Car je me suis perdu en rêvant de beauté.

Toulouse 20 avril 1992

Toi ma vie quotidienne

Toi ma vie quotidienne, tu ne fais que des tiennes,
Tu t'acharnes contre moi, c'est mesquin et sournois.
Tu profites de mon cœur qui se noie de rancœur,
Il pourrait bien un jour te jouer un bon tour.

Il bouclerait sa valise avec quelques chemises,
Et sur l'eau en dérive t'apprendrait ce qu'est vivre.
Toi ma vie quotidienne, tu serais bien la mienne,
Créature soumise, j'en ferais qu'à ma guise.

Poursuivant mon labeur, chaque jour, à toute heure,
Je me traîne dans la ville aux regards si hostiles.
Tu voudrais m'attacher et me voir sans broncher,
Peu à peu me friper, sans pouvoir m'échapper.

Mais bientôt tu vas voir, je dirais au revoir
Aux journées comprimées, à la foule déprimée,
Toi ma vie quotidienne, petite citoyenne,
Jusqu'ici pas bien brave, tu seras mon esclave.

Toi ma vie quotidienne, tu vas te faire chienne,
Et mon cœur romanesque deviendra barbaresque,
Et j'irais m'emparer des trésors enterrés
De tous ces fiers pirates sur leurs belles frégates.

Mais mon cœur se décroche à la moindre taloche,
Pour jouet du fleuret pas besoin de regrets…
Et l'océan indien et mon port quotidien
Son toujours séparés, je ne peux m'évader.

Refrain
Et jour après jour, je tuerais l'ennui...
Et nuit après nuit, je vivrais ma vie…

Ramonville Saint Agne 21 Août 1972

Il me manque des mots

Il me manque des mots pour décrire l'air pur,
Noyé dans mes poumons, et qui fait naître en moi
Un bonheur délirant, d'une étrange nature.
Il est rare et fragile, me soulève et me broie.

Il me manque des mots pour exprimer la vie
Que je sens tout autour de mon être tendu.
J'aspire goulûment avec mes yeux ravis
Le flot tonitruant de ces jours éperdus.

Il me manque des mots pour peindre le roseau,
Dessiner cet enfant qui me ressemble tant.
J'essaye d'oublier la mort de cet oiseau
Derrière cette usine, fumées noires au vent.

Il me manque des mots, je ne pourrais jamais
Écrire la beauté, la joie et la tendresse,
Et tous les jours heureux, tous ceux qui m'ont aimé
Et toute cette vie qui grouille et qui caresse.

Il me manque des mots, je devrais inventer,
Des mots pour les enfants, des mots pour les poètes,
Enfermer l'alphabet, puis le faire éclater
En un feu d'artifice de lettres et de fêtes.

Mais je suis là cloué, je n'ai aucun talent,
De misérables mots, je gribouille sans fin
Qui ne savent comment parler de mes élans,
Parler de mes envies, me nourrir à ma fin.

Grenoble 16 Janvier 1974

Il ou elle

Ils m'ont offert un grand verre
Et m'ont dit : c'est bon la bière...
Mais comme je n'avais pas soif
Me suis ramassé une grande baffe.
Puis m'ont appelé « pauvre cloche »
Avant de me faire les poches.
Je leur ai dit de s'arrêter
Mais ont dit qu'ils s'en foutaient...

Suis d'un naturel facile
Mais suis pas né dans leur ville.
Ils m'ont mis la tête sous l'eau
Juste pour me laver le museau.
Un petit gros, aux yeux globules,
Dans mon chewing-gum fit des bulles.
Un second prit son couteau,
Fit des trous dans mon manteau.

Un poivrot piqua mes grolles,
Trouva la farce très drôle.
M'ont enlevé le pantalon,
Une fille a dit que j'avais l'air con.
Le patron de l'estanco
Paya la tournée franco.
Ils voulaient tous voir mon cul,
Ces toquards n'en pouvaient plus…

Mes petits seins de froid pointaient,
Un vieux cria que ça l'excitait.
Puis leur chef a dit qu'on m'ôte
Ce qui me servait de culotte.
Ils voulaient tous s'amuser,
Vu, comme fille, je leur plaisais.
M'ont dit : c'est pour rigoler !
Ces salauds m'auraient violé…

Quand ils ont vu mon joujou,
De petit homme, furent jaloux.
Voulaient me casser les dents
Car ils n'étaient pas contents.
Puis j'ai dit : cela suffit !
Il y a en marre de vos gueules bouffies,
Et vite fait leur ai montré
Ce que c'était que le karaté...

J'ai brisé deux ou trois os,
Juste un peu, point trop n'en faut,
Puis, tout nu, me suis débiné
En volant la petite monnaie.
En pantalon, cheveux longs,
Bien des gens vous le diront,
C'est la croix pour deviner
De quel sexe sont les minets.

Maintenant, je m'habille en cuir,
Je suis punk et dur à cuire.
Me suis rasé aussi la tête
Et je vis comme une bête.
Des épingles dans le nez,
J'ai plus l'air du tout minet.
Même quand je suis maquillé,
Plus personne veut me chatouiller...

Joué-les-Tours 4 septembre 1978

Dans la ville

Dans la ville pleine de bruit, dans la foule pleine de cris,
Dans la rue et chez toi, peu à peu, tu deviens,
Marionnette et pantin, un robot, un machin,
Qui ne pense qu'à lui, qu'à sa vie, son confort…

Le matin tu te lèves, tu avales en vitesse
Un croissant, un café, et tu cours au boulot,
Et tu prends le métro et l'air que tu respires,
Et tout ce que tu manges te posent cent questions…

Il faudrait tout changer, mais le flot de la vie
Jamais ne peut finir... Si t'attends trop longtemps
Dans les draps de tes rêves, qui sont beaux, qui sont frêles,
Tu vas perdre du temps et le temps c'est l'argent…

Aujourd'hui, c'est certain, faut serrer les deux poings
Pour nourrir tes soucis, pour nourrir ton angoisse
Envolée en fumée dans l'usine de ta vie,
Cheminées éventrées des espoirs massacrés…

Ramonville Saint Agne juin 1970

Les petits refrains

Pour une fois soyez sympas
Attendez-moi, ne partez pas...
Excusez-moi les copains
Pour ma voix qui se tire
J'ai un truc à vous dire
Essayez de pas dormir.

Excusez-moi les copains
Pour ma façon de gratter
Pour ma façon de chanter
Essayez de m'écouter
Et tous... tous... les matins
Vous chanterez mon petit refrain.

Et oui c'est vrai, suis pas le roi.
Ils sont cent milles devant moi
Excusez-moi directeur
Dans votre usine j'ai sommeil
Je vois pas souvent le soleil
La chaîne s'est toujours pareil.

Excusez-moi directeur
Venez voir la belle machine
Sur laquelle je courbe l'échine
Elle a vraiment sale mine
Et tous... tous... les matins
Nous chantons son petit refrain.

Bonjour messieurs de la politique
Écoutez-moi je revendique
Excusez-moi président
De te regarder sans le son
Je connais bien ta leçon,
Tes discours et tes façons.

Excusez-moi président
De pas lire tes journaux
Ils ne sont pas toujours beaux
Même quand il y a des photos
Et tous... tous... les matins
J'entends bien ton petit refrain.

Ça pas l'air de vous convaincre
Ma bonne chanson est un peu malingre
Excusez-moi les amis
J'ai pas souvent le moral
Docteur dit que c'est pas normal
Il sait pas où est le mal.

Excusez-moi les amis
Faut que je pose ma guitare
Car je vais être en retard
Faut que je pointe dare-dare
Et tous... tous... les matins
Je rabâche mon petit refrain.

Joué-les-Tours 8 Mai 1978

Le retour à la gare Matabiau

Je sais que tu m'attends sur le quai de la gare,
Vêtue de ton amour parmi la foule rare,
Soupirant d'impatience et maugréant le froid
Qui s'attaque à ton corps qui un jour m'a fait roi.

En contemplant l'horloge qui se moque du temps
Je sais que tu soupires, excitée, sursautant
A la moindre rumeur annonçant la venue
De l'express annoncé, filant sur la voie nue.

Et moi, dans le couloir, bousculé, ballotté,
Je scrute la nuit noire reflétant ta beauté.
Le wagon est bondé, je souffle et je transpire,
Je pense à tes deux mains et ton mon corps respire...

Et tous mes mots d'amour, que déjà tu connais,
Se pressent sur mes lèvres, attendent d'être nés,
Anxieux et frémissants, se rappelant l'ivresse
Dans laquelle ils te plongent lorsque je te caresse.

Amour tu es ma force, Rosy tu es ma femme…
L'espoir qui me soutient, qui anime ma flamme,
Ne me laisse jamais un seul instant perdu
Car il se sait solide près de ton âme nue.

Je ne suis que le fils, soumis, humble et fidèle,
De l'amour dont je suis prisonnier des ficelles,
Suivant plein d'allégresse le seul chemin pour moi
Qui déjà tout tracé me guidera vers toi.

Refrain :   Et moi qui suis-je ? Où vais-je ?

Composé dans le train Grenoble Toulouse 1973

Sarah

Il y a longtemps que je t'aime
Mon amour
Il y a des milliers d'années
Que je t'attends, par les monts, les sentiers,
Mon amour... ma fille.

Ce treize mai quand tu es née
Mon amour
Je n'étais pas au rende-vous
Pour t'accueillir, t'embrasser sur la joue,
Mon amour... ma fille.

Tu apprends à vivre avec ma vie
Mon amour
Et tes yeux verts si purs d'enfance
Mouillent mon cœur d'une eau de jouvence,
Mon amour... ma fille.

Mais quand le jour viendra pour moi
Mon amour
D'ouvrir la cage de ma tendresse
Je le ferai, sans cris, sans tristesse,
Mon amour... ma fille.

Et dans les haltes de mon voyage
Mon amour
Oui j'attendrais ma douce et belle
Que tu me donnes quelquefois des nouvelles,
Mon amour... ma fille.

Joué-les-Tours Mai 1975

Dis ma fée !

Dis ma fée !
Pourquoi tous les humains
Au lieu de s'aimer, serrent-ils toujours la main ?
Pourquoi les yeux
Des enfants sont mouillés et ceux des vieux
Sont-ils toujours séchés ?

Parce qu'ils sont bêtes, ils ne comprennent pas
Que les deux mains sont faites pour se tendre
Et que les larmes ainsi mouillent leurs pas.
Un jour, peut être, sauront-ils le comprendre…

Dis ma fée !
Que font-ils sur la lune ?
Dans leurs fusées ils foncent vers Saturne.
Quand le soleil
Tous les matins se montre, dès leur réveil,
Ils regardent leur montre.

Car l'ambition des hommes est infinie
Et sur la terre il n'y aura plus de place
Avec leurs bombes qui sont toutes finies,
Un jour ou l'autre, éclateront sur place.

Dis ma fée !
Pourquoi enferme-t-on,
A double clef, des hommes sans raisons ?
Dans la poussière
Que soulève le vent mille drapeaux
Ont claqué de tout temps.

La liberté n'est pas faite pour tous
Et s'ils se battent entre eux à se tuer,
Sans se soucier du sang versé partout,
C'est que leur âme d'une arme est habitée.

Dis ma fée !
Pourquoi sont-ils ainsi ?
Tout est changé dès que l'on vit ici...
Beaucoup ont faim et d'autres mangent trop,
Pourtant le pain, pour tous, est assez gros.

Ton beau royaume, ils ne l'ont pas trouvé
Car ses frontières ne sont pas naturelles,
Pour les franchir ils auront à prouver
Que leurs pensées sont devenues plus belles...

Toulouse 28 Novembre 1971

Un beau jour de Mai

Un beau jour de mai,   tibidi, tibidi (après chaque phrase)
Je me promenais
Tout à coup je vois
Au détour d'un bois
Une jolie fille
Cueillant des jonquilles.

Je lui ai souri
Elle me répondit
Elle a pris ma main
Nous étions gamins
Le soleil chantait
Ce refrain d'été.

Par terre elle s'étend,
Et j'en fait autant
Comme elle sentait bon
Moi le vagabond,
Alors j'ai osé,
Je l'ai embrassée.

Nous nous sommes aimés
Ce beau jour de mai
Et quand vint le soir
En guise de bonsoir
Elle ferma les yeux
Pour me dire adieu.

Il m'arrive parfois
D'entendre sa voix
Et les soirs de mai
Moi le mal aimé
Je revois encore
Cette fille aux fleurs d'or.

Refrain   Elle s'appelait… Je ne m'en souviens plus
                 Mais ce que je sais, c'est qu'elle était belle…
                 Ma première chanson Mai 1969

Sur les bords des chemins

Quand le soleil s'en fout j'ouvre mon parapluie,
Quand le tonnerre joue le concert de la pluie,
Quand pleure le ruisseau, au pied du peuplier
A cause d'un écriteau : propriété privée...

Sur les bords des chemins, seul avec ma bouteille,
Du vent serre la main qui chante à mes oreilles.
Je suis le spectateur caché dans les taillis,
Fervent admirateur de la Vénus au lit.

Quand tous les bureaucrates avec leurs airs sévères,
Coincés dans leur cravate, vous parlent de salaire,
Quand tous les chevelus, sur la croix des miracles,
S'en prennent, résolus, au flic, à sa matraque,

Sur les bords des chemins, j'appelle mon étoile,
Évitant les humains et les filles sans voile,
Du bout de mes pinceaux, à coup de morbidesse,
Je finis le tableau de la muse diablesse.

Quand la mémé promène son rase-bitume-chien-chaud,
Quand la pauvre Germaine croupit dans le cachot,
Et quand parfois le soir je pense à Mirida
Qui réveille l'écho de la Dar-Béida.

Je m'en vais le dimanche au lac saint Férréol
Pour y faire la manche avec mon pote Éole.
Je gagne ainsi ma vie, c'est celle du poète
Qui dort sur le parvis de l'église muette.

Mirida : poétesse berbère
Dar-Béida : village blanc

Joué-les-Tours 6 Mai 1976

Le guitariste

Je rentrais à Grenoble. C'était le deux janvier.
Après avoir passé chez moi le réveillon,
Je n'étais pas très gai et j'avoue que j'enviais
Les civils étrangers aux liens d'un bataillon.

Dans la petite gare si chère à l'Arlésienne,
Au quai numéro trois, une salle d'attente,
Petite et sans confort était donc la gardienne
Du sommeil d'un clochard à la masse imposante.

Et c'était avec lui que je passais souvent
Deux heures sur le banc en attendant mon train,
Quand ce jour-là je vis un homme en coup de vent
S'y réfugier aussi, par le mistral contraint.

Il s'assit juste en face de mes regards curieux
Et j'eus tout le loisir de bien le détailler.
Son costume était noir, d'un tissu ambitieux,
Ses longs cheveux dorés de mille éclats brillaient.

La couleur de ses yeux était comme la mer
Et faisait ressortir la pâleur de son teint.
Un foulard de soie rouge lui procurait un air
D'artiste un peu bohème, un tantinet hautain.

Un sac-à-dos tout neuf et dans une housse bleue,
Son trésor, sa guitare étaient ses seuls bagages.
Et, je m'aperçus vite des soins méticuleux
Qu'il donnait à ses ongles même au cours d'un voyage.

Son regard se posa sur moi et son sourire
Éclaira son visage et il me demanda
Dans un français obscur, poussant parfois à rire,
Quelques renseignements qu'il ne comprenait pas.

Et ce jeune allemand, me fit alors entendre
Qu'il cherchait à rejoindre, là, où sont les gitans,
Saintes-Maries-la-mer, dans le but d'y apprendre
Des airs de flamenco aux accents si grisants.

Puis sans dire un seul mot, il sortit sa guitare,
Et ses yeux se fendirent, et ses mains amoureuses,
Doucement réveillèrent la froideur de la gare.
Jamais je n'oublierais cette musique heureuse…

Je me suis demandé, qu'avait-il à savoir
De plus sur l'art de jouer ? Ses doigts fins n'étaient pas
Ceux d'un tout simple artiste… Son cœur devait avoir
Le don de la beauté qui vient de l'au-delà.

Et quand il eut fini de jouer, je sentis,
Que toute ma tristesse s'était évaporée.
Puis son train arriva et quand il fut parti
J'ai eu ce sentiment: je venais de rêver...

Grenoble 1973

La fin du monde

Dans leurs combinaisons adaptées à leur corps
Et leur dos bien calé sur leur siège moulant,
Ils sont là, silencieux, pour signer un accord
D'une extrême importance, à leurs yeux excellent.

Ils sont quatre au total, d'âge indéterminé,
Autour de ce cadran rutilant de boutons.
Ils ont passé chacun deux ou bien trois années
Pour venir discuter sous l'œil de leurs plantons...

L'un s'appelle Axalis, il est roi des cinq terres
Qui gravitent sans trêve autour d'un grand soleil.
Le deuxième est Yohé, c'est un chef militaire
Directeur du conseil des planètes Vermeils.

Mutix est le plus jeune roi des trois galaxies.
Il gouverne Xila au milieu des comètes,
Obscures ou nébuleuses dont les superficies
Sont bien supérieures à Terre la planète.

Le dernier a pour nom celui de Zalience.
Il n'a pas de pouvoir, il n'a pas de royaume
Si ce n'est celui des mystères de la science.
C'est le plus grand savants parmi des milliards d'hommes...

Le verdict est tombé ! Il est même accablant...
Leur visage est fermé... Ils vont passer aux actes.
Ils n'ont plus qu'à régler et mettre noir sur blanc
Les détails saisissants qui complètent leur pacte.

Ils ont joué longtemps aux apprentis sorciers.
Tous leurs chefs, leurs savants n'ont jamais rien compris.
Terre est donc condamnée à mourir asphyxiée
Car la sécurité du monde est à ce prix.

A force de chercher de tuer les manières,
Le secret de la bombe, ils ont enfin trouvé,
Capable d'éclater la terre tout entière
En brisant l'équilibre du monde inachevé.

Le ciel est flamboyant, tacheté de nuages,
Mais le vent est poison, il pique et il endort.
Ce n'est plus le même air avec son fin dosage
Essentiel à la vie qui évite la mort...

Tout s'est vite passé ! Des milliers de suicides,
Des scènes horribles sont marquées dans le sang.
Il s'endort ce vieux monde au goût bien trop acide
Pour être supporté de ces hommes puissants.

C'est la troisième fois qu'ainsi ils interviennent,
Espérant chaque fois que la Terre pourra
Découvrir la sagesse, aube la plus ancienne,
Dictant du fond des temps ce que l'être fera.

Le petit groupe humain, misérable et tremblant,
Sauvé parmi ces gens qui furent tous détruits
Par des robots lustrés, coiffés de casques blancs,
Attend un peu plus loin d'être de tout instruit.

Le conseil a l'idée de leur faire oublier
Tout ce qui s'est passé et tous leurs souvenirs
Car ils sont capturés pour se multiplier
Et repeupler la terre au nouvel avenir.

Une fois donc de plus les quatre beaux vaisseaux
Vont repartir au loin vivre leur destinée,
Tout en gardant un œil sur les moindres assauts
Qu'un jour, se livreront, ces hommes obstinés.

Toulouse 11 Janvier 1974

Moi et moi

Le long du quai noyé de brumes
Des pas résonnent sur le bitume
Enseveli par le silence
Un jeune enfant vers moi avance.

Une peur sourde et mystérieuse
M'étreint et sans raison sérieuse
Car un enfant ne peut porter
En lui cet art d'épouvanter.

Pourtant, je sens avec angoisse
Qu'il va sortir de cette poisse…
Et si mes yeux veulent savoir
Mes jambes sont au désespoir.

Un cri s'étrangle sort de ma gorge
Ce gosse avec son sucre d'orge
Qui me regarde d'un air si sage
C'est moi tout môme, à dix ans d'âge.

Dis-moi petit ! Que fais-tu là ?
Et ta maman et ton papa ?
Je n'ai personne mon grand Monsieur
Car ils sont morts et sont aux cieux.

Alors dis-moi quel est ton nom,
Ou si tu veux que ton prénom ?
Mais je m'appelle tout comme vous
Mon grand Monsieur car je suis vous...

Curieusement mes tremblements
Ont disparu et calmement
Je lui demande : qu'est-ce que tu veux
Et quel serait ton plus cher vœu ?

Mon grand Monsieur oui je voudrais
Savoir comment je vieillirai,
Si mes idées seront comme celles
De tous ces gars, tous sans cervelles...

Êtes-vous triste et fataliste,
Un peu méchant ou égoïste ?
Regrettez-vous les jours heureux
Cher grand Monsieur si malheureux...

Puis-je grandir l'âme légère
Sans qu'elle soit un jour mégère ?
Devenir grand quel est le prix ?
Répondez-moi, je vous en prie...

Les larmes aux yeux, rempli d'émoi,
Alors j'essaye tout contre moi
De le serrer, de l'embrasser,
Pour le calmer, le rassurer…

Mais je n'étreins que l'air, le vide,
Et tout à coup, un froid livide,
Comme un serpent vient se glisser
Dans tout mon corps et me glacer.

Tout abruti et chancelant,
Un souvenir alors brûlant,
Un cauchemar m'avait fait peur
M'avait laissé baignant de pleurs.

Je me revois et je parlais
A ce quelqu'un de grand et laid,
Il me disait des mots terribles,
Sur un chemin long et horrible.

Puis j'ai sauté dans une eau noire
Pour me sauver ne plus le voir.
Et cette eau froide m'a réveillé,
Les doigts crispés sur l'oreiller.

Je me débats dans l'anxiété.
Rêve étrange... réalité ?
Ce que je sais c'est qu'à l'enfant
J'allais mentir d'un air confiant.

Ce gosse-là n'a pas de chance
On ne peut pas changer d'enfance
Malgré les ans, malgré l'envie,
Seule la mort vous prend la vie.

Ramonville Saint Agne 1971
Ce poème a inspiré le roman « la 403 »

Les semeurs de douleurs

Il ne faut plus vous étonner
De tous les morts que vous croisez,
De cette violence acharnée
Qui vous prend comme la nausée.
Aujourd'hui c'est la denrée,
Indispensable à la marée,
Des braves gens qui se bousculent
Du matin froid au crépuscule.

Il faut savoir que la réponse
De ce fléau qui nous étrangle,
Qui peu à peu en nous s'enfonce,
Et qui nous lie mieux que des sangles,
Se cache dans l'éducation
De chaque enfant de la nation,
Dans la manière dont chaque père
Pour éduquer son fils opère.

Il existe plusieurs couleurs
Habillant le cœur des hommes.
Elles sont causes de malheur
Et bien souvent les gens assomment.
Si ma famille est toute bleue
Alors je dois vivre comme eux…
Et condamner le vert, le jaune,
Oublier des tas de personnes.

Bien sûr, ce serait idéal
S'il existait une couleur
Qui pourrait faire le régal
De tous les semeurs de douleurs.
Mais tout cela est impossible,
Il y aura toujours des cibles…
Et pourquoi pas en transparent
Les peindre tous, tant qu'il est temps !

La Tronche Hôpital militaire 6 Janvier 1974

Le mal léché

Je descends le soir centre commercial
Je regarde les gens
Les regards se décrochent
Il est huit heures
Plus de pain plus de lait
Le peuple est fatigué
La télé et sur la place sur le béton
Immobile ridicule et malheureux
J'attends
Je suis le mal léché

Un reflet vitrine me jette au visage
L'image pitoyable d'un regard incertain
Toute ma vie démontée déchirée
Le ressort est cassé
A vingt ans
C'est impossible
Et cependant
Immobile ridicule et malheureux
J'attends
Je suis le mal léché

L'homme et ses façons au fond de ma tête
Ont jeté le martel
Je suis l'enfant des rues
Qui prend qui court
Tenaillé par la peur
De l'adulte en képi
Défenseur de la morale du carnaval
Immobile ridicule et malheureux
J'attends.
Je suis le mal léché

Je n'aime pas les vaches
Les moutons et les chèvres
Je ne parviens pas à suivre le troupeau
Supermarché prairie verte
Les bergers sont à la caisse
Et le chien devant la porte
Est toujours là
Immobile ridicule et malheureux,
J'attends
Je suis le mal léché.

Joué-les-Tours 30 Septembre 1975

Dis-moi !

Combien de fois m'as tu aimé
Depuis le jour de notre rencontre ?
Combien de fois m'as tu admiré
Depuis notre premier regard ?
Je ne saurais le dire

Notre amour s'étire lentement.
Il y a des jours de bonheur coloré
Et des soirées de grande chaleur
Petits plats dans les grands
Et draps baisers déchirés

Il y a aussi des jours de fatigue
Et des instants d'immense tristesse
Mais quand nous nous jetons
Des envolées de mots criés
C'est que nous sommes vivants
Tout simplement

Il y a surtout ton sourire
Quand tu arranges des fleurs
Et ton amour maman
Que tu offres à tes filles
Qui me comble de fierté papa

Mais quand l'éclat de ton regard
M'interroge d'un petit sourire
Je me dis : qu'ai-je fait encore ?

Quand les yeux sont fermés
La vie est simple
Dès le réveil il faut vivre
Vivre sur un fil
En équilibre très haut
Au-dessus des disputes
Des ennuis
Des accrocs

Angoisses et déceptions
Et gare à la chute qui fait mal
Il n'y a pas de filet pour deux
Et les sentiments sont meurtris

Rosy tu es celle qui m'accompagne
Qui m'interrompt et me regarde
Tout au long du chemin
Tout au long du destin
Et à ce titre
Tu mérites tant de choses
Que je ne sais pas te donner

Je devrais apprendre à mieux t'aimer
A ressembler à celui de tes rêves
A m'habiller comme tu aimes
A te faire caresse avec tendresse
Et vivre en harmonie

Un jour je serais celui-là
Un jour je ne serais plus ton mari
Mais ton amant…

Toulouse 9 Décembre 1990

Ma terre

Ma terre grasse est d'une bonne eau,
Elle prend la vie, attrape le ciel,
Elle est profonde, pleine de germes,
Offre ses flancs dénudés au soleil, ce voyeur...

Terre grasse, terre bonne, bonne vie,
Je te souhaite de m'aimer plus,
Je te donne ma vigne, mon raisin, mon vin, mon ivresse,
Donne-moi le bon chemin !

Allongé sur ma terre ouverte,
Je laisse pénétrer en moi sa force bienfaitrice.
Terre grasse, terre fraîche, terre humide,
Ton herbe tendre, verte et soyeuse
Enveloppe mon corps abandonné.
Tes marguerites coquettes, maquillées,
Décorent ton voile printanier,
Et me disent : Pierre tu es vivant,
Tu existes.

Puis,
Viendra un jour nouveau, ma terre.
Je te passerai la bague au doigt,
Oui ! je me donnerai enfin à toi,
Sans larmes, sans regret, sans remord.

Alors,
En ce jour suprême de liberté,
Tu me pareras de ton habit coloré,
Il sera blanc, multicolore ou doré
Suivant la mode de ta saison,
Il protégera ma carcasse vidée
De sa chaude sève de vie
Et servira de parure éternelle
A mon âme endormie, apaisée,
Immortelle.

Grenoble 10 avril 1974

Le réveil du chasseur alpin

Que fait-on derrière ces grilles
Habillés comme des soldats
Les chaussures noires qui brillent
Apprenant à marcher au pas ?

Que fait-on dans cette caserne,
Tête tondue comme mouton,
Sous le ciel, bas, gris, et bien terne,
Au garde-à-vous, pointant menton ?

Le matin froid qui nous réveille...
Au pied du lit vers les six heures,
Le sergent gueule : « réveil ! réveil ! »
Rassemblement dans un quart d'heure.

Et nous avons à peine le temps
De nous lever, courbaturés,
Et de coiffer, claquant des dents,
Notre tarte démesurée.

Puis, brusquement, il faut descendre
Et dévaler dans l'escalier,
Tous les chasseurs se font entendre
En se ruant vers le palier.

Ils sont tous là, sous les flocons,
Chemise bleues, manches levées,
Comme des piquets, comme des cons,
Le clairon sonne, c'est le levé.

Grenoble 6 octobre 1973

Plus tard mon visage

N'avez-vous donc jamais senti un jour l'envie
De connaître comment votre jeune visage,
Aujourd'hui, si joli, sera quand votre vie
Aura besoin pour vivre, parfois, quelques massages ?

Moi, je le sais déjà ! Si cela vous étonne,
Sachez que je n'ai pas recueilli en personne,
En fouillant par hasard, au fond d'un vieux tiroir,
Un objet pour prédire, un magique miroir.

Il suffit pour cela de rire à tout moment,
Et je sais qu'à la longue, quand les jours vieilliront,
Que mes longs cheveux bruns feront leur testament,
Un jour, sur mon visage des rides creuseront.

Mais mon secret est là : je sais de quel côté
Mes rides s'en iront. Elles feront chanter
Mes lèvres et mes yeux à longueur de journée.
Ma face n'aura pas le goût des fleurs fanées.

C'est, je crois, le secret, mes amis du bonheur
Il faut rire et donner, à la vie faire honneur,
Et prendre ce qui passe, en saisissant au vol
Un prétexte d'amour qui prendra son envol.

La Tronche Hôpital militaire 10 Janvier 1974

Pourquoi ? (Poème pour Cécile)

Vainement, sur le parking de mes pensées,
Je cherche une place pour garer le véhicule
De mon incompréhension.

Je suis tétanisé par la révolte
Quand je découvre dans le cœur,
D'un homme calculateur et fou,
Autant de froide cruauté.
Et seul devant le monde
Je farfouille dans les tiroirs de mon crâne empoussiéré
Une réponse à la question.

Pourquoi ?

Un petit être inaccessible aux laideurs de notre vie,
L'esprit barricadé par l'innocence et la candeur,
Contre les crimes qui se trament, inexorables, autour de lui,
Un petit être plein d'amour, de la manière la plus lâche,
La plus bête, la plus ignoble, est mort des mains d'un assassin,
Monstre cruel et sanguinaire qu'il faut punir et sans pitié.

Pourquoi ?

Existe-t-il la moindre excuse ?
Un seul reflet d'explication ?
Peut-on…
Mais à quoi bon !
Il n'y a qu'un mot, qu'un seul et qui reste :
Pourquoi ?

Tours 19 Février 1976

Le lit

La douceur du lit est pareille à celle des îles.
Ce n'est que beauté noyée au fond des mers.
Elle respire la tiédeur, l'odeur des fruits sucrés,
La verdure attrayante, le soleil paressant.

Il fait bon s'enrouler dans les draps repassés
A peine réchauffés par ton corps dénudé.
Le souffle de ta bouche est une brise légère
Qui agite les palmiers, et nu, allongé sur le sable doré,
Je rêve que tes deux jambes enlacent les deux miennes.

Il est grand et solide.
C'est un bateau,
C'est un refuge, une cabane au cœur d'un séquoia,
Un palais pour un prince,
Un nid de tourtereaux.

Il est complice de notre amour.
Il sait que l'on existe et rit de notre joie.
Il aime la folie des longues nuits d'été
Quand nous nous arrachons de notre dimension,
Par des gémissements et des extases en or.

Il est parfois jaloux
Et garde ton sommeil, si léger,
Mon amour qui t'anime.
Il aime les réveils qui s'allongent et qui baillent,
Te cache aux yeux du monde,
Te protège du brouillard,
Te protège du froid.

Il voudrait t'avoir pour lui seul,
Te faire oublier que tu dois le quitter,
Qu'il faut te lever, t'habiller, te maquiller,
Vite m'embrasser et vivre ta journée.

Mais le parfum du café, légère invitation,
S'envole doucement à travers l'appartement,
Et je sais, humblement,
Que son pouvoir pour t'éveiller, chérie,
Est plus fort que celui de mes baisers transis.

Oui ! Ce grand lit je l'aime et je le cajole.
C'est l'endroit secret de mes espoirs.
Il est mon confident et sur son oreiller
Coulent parfois mes pleurs.

Je m'enfonce le soir parmi ses profondeurs,
Où je t'attends, impatient, le nez sous les draps,
Lorsque tu te prépares pour venir me rejoindre
Au creux du même rêve.

Il connaît déjà le programme d'amour
Que je t'ai préparé,
La liste de mes caresses,
Il sait tout, connaît tout, il sait combien je t'aime.

Ce lit est vivant.
Mais quand nous serons plus qu'un amour de poussière,
Son âme partira accompagner la notre.
Il redeviendra ce qu'il était, avant que je t'aime,
Un très vulgaire lit, un meuble, un objet,
Sans valeur, sans beauté,
Qui s'abîmera, doucement, au fond d'une brocante.

Dans le train entre Toulouse et Montpellier 1 Janvier 1974

Le chien

Avouez que c'est râlant quand on est un chien
D'entendre dire son maître :
« Demain chez le vétérinaire,
Contre la rage il faut le piquer.
Demain chez le vétérinaire
Il faut couper sa queue et tailler ses oreilles…
Il paraît que c'est chic, que c'est beau et racé...»

Mais eux… se voient-ils ?

Ils veulent aussi me castrer.
Quelle horreur !
La chienne du voisin je ne dois pas la monter
Car ils tiennent à leur tranquillité.
Je ne dois pas les gêner.
Mais je reste quand même leur bon toutou,
Leur petit bijou, à papa le canaillou,
Et je dois faire le beau pour un su-sucre,
Pour épater l'autre voisin qui n'a qu'un chat
Faute de moyen
Et je dois manger les restes, garder la maison,
Aller chez le tondeur.
Un petit coup par-ci, un petit coup par-là,
Et me voici le cul à l'air, un bonnet sur la tête.

Pauvres humains, esclaves du temps !
Si vous pouviez vous douter, ne serait-ce qu'un seul instant,
Que chien pour chien, je préfère ma niche, mes piqûres,
Ma castration, ma toison et mes déchets,
Que votre triste liberté.

Toulouse 9 Mars 1973

Vénus

Bien utile beauté
Tu flamboies, immobile…
Rêve obscur, brumeux,
Fille du bonheur
Que t'arrive-t-il ?

Enlève ta vertu dont t'a parée l'homme,
Souffle sur ta rancœur pour ce monde isolé
Indigne de tes larmes polies par les années.

Rappelle-toi Milos et replonge dans le salut
De cette île apaisée, bienfaisante, mystérieuse,
De cette niche violée,
Et laisse aller, laisse aller,
Tes bras ballants coupés,
Vénus de mon amour,
 Immobile beauté.

Mais

Sous la voûte obscure viennent te réveiller
Des visages fermés, étrangers aux secrets
De tes courbes anciennes,
Émanation divine d'un soleil merveilleux,
Statue malheureuse,
Taillée pour l'éternité,
Laisse aller, laisse aller,
Tes bras ballants coupés.
Vénus de mon amour,
 Immobile beauté.

Tours 23 Avril 1976

Le bouquet de personnes

Que font ces fleurs dans ce vase ?
Pourquoi ce vase est-il là ?

Vous qui me lisez ou m'écoutez,
Fleur, ma douce, prisonnière torturée,
Quelle tristesse, quelle horreur, quelle injustice !

Si nous les fleurs, à notre tour, nous prenaient l'envie
De constituer un bouquet de personnes,
De les mettre dans un vase
Hein ! qu'en dites-vous ?

On leur couperait les pieds le lundi.
On leur arracherait les cheveux le mardi.
Les oreilles le mercredi, le nez le jeudi,
Les yeux le vendredi, les doigts le samedi
Et même, pourquoi pas, le dimanche les bras !

Puis, quand ils commenceraient,
Doucement à décliner,
Nous les allongerions la nuit dans la baignoire pleine
D'une eau froide et glacée,
Pour leur donner encore
Une force éphémère, une force tragique
Qui rehausserait encore,
Leur beauté fanée, leur beauté massacrée,
Avant de les balancer à la poubelle,
La mine dégoûtée à cause de l'odeur.

Quelle décoration pour le salon fougères
De notre forêt quatre pièces !

Joué-les-Tours 10 Avril 1978

Les élections.

Liberté, égalité, fraternité,
La république aussi vous les avez promises.
Pauvreté, injustice, cruauté,
La vie ne pourrait-elle pas changer de chemise ?
Un homme, le sauveur du pays,
Devant vous, rappelez-vous, avec de grands gestes,
S'est écrié au micro :
Je jure mes amis !
Dès demain, je ferais balayer les restes, les déchets,
De cette puante vie, triste et maladive
Qui toujours sans répit, votre misère avive.

Liberté, égalité, fraternité,
Le sauveur lui aussi vous les avez promises.
Pauvreté, injustice, cruauté,
La vie ne peut-elle toujours pas laver sa chemise ?
Un homme, un deuxième, un troisième, un quatrième,
Ils sont doués pour bien mentir et bien parler.
Il faut dire que les discours les gens les aiment,
Parlez mes bons messieurs ! Parlez !
Le peuple écoute les boites à réciter !

Liberté, égalité, fraternité,
Pour lui seul et pour notre bien, il faut voter !
Pauvreté, injustice, cruauté,
Au sommet il rêve la nuit d'être porté.
A tous je vous promets du pain pour grignoter,
Mais pas trop car il faudra économiser.
De l'eau vous en aurez aussi à volonté
Et même quelques pièces pour miser au tiercé.
Pas de reproches ! Voyez, je ne promets rien…
Ni mensonge, ni promesse, vous n'aurez rien !

Liberté, égalité, fraternité,
Je ne serais qu'un humble et simple président.
Pauvreté, injustice, cruauté,
Comprenez qu'il faut quelqu'un pour passer devant !
Vous pourrez faire ce qu'il vous plaira,
Sortir le dimanche et sur les routes rouler,
Prendre le journal et lire ce que, peut être, on fera.
Moi je serais là-haut, assis, bien installé,
Les aiguilles du temps tourneront obstinées,
Le président pour tout n'est jamais concerné !

Toulouse 12 Janvier 1973

L'ordinateur

L'ordinateur dévore
L'immense désert bête du cerveau délabré
De l'homme créateur qui se gonfle d'orgueil,
Qui se nomme inventeur, et qui oublie le hasard
Guidant ses découvertes.

Mais c'est l'ordinateur qui préside
L'immense festin autour duquel la science,
En s'imaginant fabriquer l'avenir,
Bouffe n'importe quoi, se gave, satisfaite,
Planquée derrière son ventre gonflé comme son cul.

La machine infidèle est pourtant fille de l'homme.
Elle a ouvert sa robe de métal
Et son père fragile, innocent et cupide,
Dans cet amour inceste
A perdu son âme.

Et depuis l'explosion d'un certain mois d'août,
Nu, le cou brisé par les chiffres et les haines,
Il se voit depuis lors tiré par l'inflexible traînée
Qui nous guette,
Qui nous trame un futur obscur,
Dans sa lointaine citadelle,
Qui dit-on se situe,
Derrière le temps, derrière l'univers,
Enfouie au plus profond de la galaxie
Perdue à tout jamais au fond d'un trou noir.

Grenoble 22 Janvier 1974

Le trou

Le trou est profond.
Il file vers l'intérieur de la terre noire.
Il s'étire, se tortille, s'insère,
Il creuse et progresse vers le bas.
Il visite les caves, les grottes et les tombes,
Il découvre le noir, le mystère, l'insondable,
Les entrailles du vieux monde.

Il se heurte aux carcasses, aux voitures,
Aux camions brisés, jetés,
A tous les détritus,
Il découvre les missiles brillants et lustrés,
Prêts à s'envoler pour une balade,
Pour un champignon qui doit tout faire péter.

Il écarte les cailloux, les vestiges, les fossiles,
Les roches et les boues,
Il respire les poussières, les gaz de toutes sortes,
Il traverse des rivières qui sont encore pures
Dans leur étui calcaire.
Il néglige les coffres gorgés de pièces d'or
Qui sont la signature d'entailles et de tueries,
De pirates et flibustiers sanguinaires.

Il patauge dans le pétrole gluant
Qui, un jour ou l'autre, ceci est calculable,
Empoisonnera les vagues, les cormorans et le sable.
Il débouche enfin, sur la fusion, les laves et l'explosion,
Il bouscule au passage, le diable, le cornu,
Le maître des enfers qui s'étonne de le voir ainsi,
Pressé de remonter de l'autre côté.

Voilà pourquoi, un matin,
En sortant de ma niche,
Je vis dans le jardin,
Au milieu d'un alignement indiscutable de poireaux,
Un trou.

Est-ce par curiosité
Si je me suis couché l'oreille au ras du sol ?

Je ne saurais le dire…
Toujours est-il, qu'à ce moment-là,
J'ai entendu, oui! je le jure,
Une douce musique chinoise
Où se mêlaient des cris, des râles et des supplications,
Et même de temps à autre,
La voix de mon maître,
De mon exécrable maître,
Mort,
Mort d'un cancer
La semaine dernière.

                                        Sans date

Le billet

Fais attention petit !
Tes jambes sont fragiles…
A courir aussi vite tu risques de tomber
Et me lâcher au vent prêt à me dérober.
Attention ! Attention !

Le gosse est à plat ventre,
Ses deux petites mains sont maculées de boue.
Triple idiot ! Imbécile !
Cours donc…cours donc… que diantre !

Mais les pleurs du gamin déjà se font lointains.
Zut ! Me voilà livré en mauvaise posture.
J'étais propre et bien sec
Et me voici trempé, perdu dans la nature.
Remarquez, toutefois, qu'une telle aventure
Ma laisse indifférent.
Je suis d'une grande valeur,
Et ma signature obligera le premier quidam
Vite à me ramasser…

Un homme usé aperçoit le billet.
Avec ses doigts jaunis à force de nicotine,
Il saisit ce trésor déjà mouillé par la pluie
Et de sa main tremblante le fourre en son cabas.

Les objets du sac, aussi sales que leur maître,
N'apprécient guère la venue du billet,
De cet aristocrate à la misère traite
Qui toujours est logé dans un coin douillet,
Qui fréquente dit-on des gens bien éduqués.
Perdu parmi cette racaille hétéroclite,
Moqueuse et vengeresse,
Il regrette vite d'être tombé si bas,
Et souhaite vivement que cet homme
L'échange, par exemple,
Contre un assortiment royal de victuailles.

Mais cet inconnu qui peine sur le bord du fossé,
Cet homme qui n'est point riche,
Est atteint d'une drôle de maladie,
Celle du porte-monnaie,
Celle de l'économie
Et que d'autres appelle « avarice ».

Dans l'obscurité,
Le bonhomme l'enferme dans une cassette,
Dans une prison.
Et le billet bourgeois, tiré à quatre épingles,
Doucement, s'endort,
Résigné, fatigué, oublieux de ce monde prolétaire
Qui le retient prisonnier.

Des mois et des mois se sont écoulés…
Puis un matin, le billet se réveille.
La boite a bougé. C'est le printemps.

Ah ! Ce n'est pas trop tôt…
S'écrie-t-il, d'une voix courroucée et pleine de reproches,
Quand du noir, brusquement, il est extrait,
Et qu'une femme d'un geste vif,
Le niche entre ses seins
Qui balancent et qui tremblent.

A-t-il eu seulement le temps de s'habituer
A ces belles formes rebondies ?

Ce n'est pas certain.
Car, il sentit, soudain,
Que des mains le saisissaient,
Méchamment le froissaient,
Pour être jeté, par terre, dans la rue.

Il s'agita, appela aux secours,
Mais par un sort malchanceux,
Plus personne ne s'intéressa à lui

Et le vent effaça sa signature.
Peu à peu, il mourut, puis se déchira.

Jamais il ne sut qu'une femme ce jour-là,
Dans un cri de colère,
Acculée dans sa vie triste et solitaire
Avait été réduite aux dernières extrémités,
De la mort, du suicide,
Face au constat cruel dont le fric est coupable
Et qui donne à l'homme,
Durant toute sa vie,
Un des plus vils esprits.

La Tronche hôpital militaire 11 Janvier 1974

Le petit arbre

Un petit arbre,
Un chapeau bleu sur la tête
Une ceinture de mousse autour du tronc
De grands pieds qui fouillent le sol
Des bras longs et frêles
Et des pommes rouges et vertes

Il voudrait les offrir à sa petite sœur
La roseraie
Qui s'épanouit l'autre bout du champ.

Alors il agite ses centaines de mains
Et lui fait signe qu'il vient.

Mais il pleure
Pourquoi ? Pourquoi ?

Il ne peut pas avancer
On a oublié de lui faire des chaussures

La Tronche hôpital militaire 24 Janvier 1974

La mort du fou

Un malade dans un hôpital.
L'hôpital Marchant de Toulouse.
Jusque là rien de particulier...
Il se promène dans la cour de l'établissement.
C'est qu'il n'est pas cul-de-jatte me direz-vous ?
Oui ! Je vous l'accorde…

Il avance à pas lents,
Les mains dans les poches de sa robe de chambre,
L'esprit vide.
Normal ! C'est un simple d'esprit…
Où va-t-il ? Il ne sait pas.
Il suit l'allée qui le mène à la chapelle, derrière les croix.
Il s'arrête devant la morgue, il en fait le tour,
Il regarde le bâtiment et pense :
Mort… mort…
Alors son visage s'éclaire d'un sourire aussi large que l'allée.
La mort ? pense-t-il.
Et son sourire s'élargit encore, il dépasse la cour,
Il dépasse les murs, il se répand sur les alentours.
Le malade sourit à la mort et il se dit :
Toi ! je t'attends de pied ferme…
Puis il s'assoit sur un banc et il ferme les yeux.
Il pousse un très long soupir
Et se plaît à l'imaginer…

Je traverse la rue, je gueule après ma femme,
Un gros camion m'écrase, ma tête est sous la roue,
Ma cervelle est éparpillée et la foule ahurie,
Se presse pour me voir.
Non ! C'est trop banal.
Je m'accroche au radeau, rescapé d'un naufrage,
Les secours me recherchent, je suis l'unique survivant.
Mais j'ai froid, je délire et je sombre dans l'eau noire.
Je me noie.
Non ! Trop hollywoodien.
On me bande les yeux,

On m'attache les mains,
Je bombe le torse et je crie.
Qu'est ce que je crie ?
Cela n'a aucune importance !
Les balles me trouent et martyre je tombe.
Non ! Je ne suis pas un héros.

Le docteur est blanc et il m'annonce :
Mon ami, vous êtes condamné,
Le cancer de la gorge,
Vous en avez pour six mois.
Non ! Non ! bien trop courant…
Je veux une autre mort.

Je suis marié mais infidèle.
Ma maîtresse est très belle.
Je suis fou de passion.
Ma femme a tout découvert,
Elle nous surprend,
Et me tue de six balles dans le cœur.
Non ! Jamais elle ne saura…

Je suis au restaurant,
Je mange du poisson,
Une arrête se coince et m'étouffe.
Mon cœur déjà faible alors passe à l'attaque.
Je tombe, casse ma chaise, m'agrippe à la nappe,
J'affole tout le monde
Et j'expire dans les bras du maître d'hôtel.
Pas mal ! Mais je suis trop fauché
Pour aller au restaurant.
Décidément non !

Je fonce sur la route,
L'estomac bourré d'alcool.
Les flics m'ont repéré,
Je force le barrage,
Ils me tirent dessus, la poursuite s'engage,
Je roule comme un fou,

Je rate un virage,
M'encastre contre un platane
Et je meurs dans le fourgon.
Non ! C'est trop con.

Je tombe du onzième.
Je passe sous un train.
Une grippe m'emporte.
Mon avion s'écrase.
Je m'électrocute dans mon bain.
Je crève dans mon lit, vieux.
Non ! Non ! Non !

Mais alors comment voulez-vous
Que j'attende la mort de pied ferme
Si je ne connais pas le visage qu'elle aura ?

Et le fou perd son sourire.
Son visage se ferme.
Cette idée l'obsède.
Il est dix heures trente.
A quelques centaines de mètres de là
C'est l'explosion.
Boum !
L'usine chimique écrabouille Toulouse.
Et dans l'air du matin
Siffle la flèche, un éclat de vitre, tranchant comme un rasoir,
Et vient se loger
Dans l'œil du pauvre fou.

Il s'affaisse sur le banc.
Tué sur le coup,

Ah ! Ah !
Celui-là, elle l'a bien eu !

Grenoble 15 Janvier 1974
La chute révisée après l'explosion de l'AZF

Mon tout petit enfant

Mon tout petit enfant, source rafraîchissante,
Ma perle de rosée aux reflets d'espérance,
Je t'attends, angoissé, mais noyé d'impatience
Comme le seul salut d'une aurore naissante.

Tu vas bientôt quitter, pour aller voyager,
Ton vrai palais d'amour aux parois de chair tendre
Et découvrir cette ombre, malade et âgée,
Qui est la vie actuelle qui pour nous n'est pas tendre.

Mon tout petit enfant, ma seule délivrance,
Es-tu homme, es-tu femme ? Je ne sais pas encore
Si tu auras des airs un peu de ressemblance
Avec l'acteur flétri qui habite mon corps

Et qui va dans ce monde en pleine décadence,
Par bien trop d'égoïsme et de stupidité,
Te plonger comme un fer en pleine incandescence
Sur la terre d'eau glacée de notre humanité.

Mon tout petit enfant, tu es ma providence,
Tes regards innocents pourront-ils pardonner
De te livrer ainsi, perdu, à ton enfance
Passerelle fragile de toute destinée.

Je rêve d'être encore à l'état où tu es,
D'embrasser le néant, dans ma vie replonger,
Connaître le bonheur de ne plus exister
En laissant sur sa faim la mort s'interroger.

Tours 10 Septembre 1974

Clochette, ma boucle d'oreille.

Un doigt posé sur mon oreille
Pour bien sentir la note en moi
Un doigt posé sur mon oreille
Pour effleurer ce bout de moi.

Elle est bien plus qu'un beau bijou
Elle est vivante, faut pas s'y fier,
Et quand je danse, oui elle joue
Dans la lumière comme une fée.

C'est elle, c'est la fée, la fée clochette de mon enfance,
Si belle, si fragile, qui me protège de sa présence.

Accroche-toi à mon oreille,
Tous les refrains, chante avec moi,
Petit nymphe à mon oreille,
Tous les secrets qui sont en moi.

Elle vient de loin, de l'océan,
De l'Amérique, sacré voyage !
Dans une boite d'un commerçant,
Tout endormie dans l'emballage.

Si belle, c'est la fée, la fée clochette, que j'ai trouvé.
C'est elle qui me parle de son pays que j'ai rêvé.

Petit fétiche qui me surveille,
De ton pays imaginaire,
Tu es venue boucle d'oreille
Pour que je chante un jour cet air.

Dans les concerts et quand on joue,
Si j'ai le trac elle me rassure,
Et me caresse souvent la joue,
Me dit, chérie, faut que t'assures.

Si belle, c'est la fée, la fée clochette qui se balance.
C'est elle, si jolie, pétrie d'amour et d'innocence.

Elle est vraiment ma conseillère,
Petite fille, j'ai cru en toi,
Et dans le lobe de mon oreille
C'est ta maison, c'est comme un toit.

Petit amour, tu viens d'un conte,
Tu as perdu tous tes amis,
Pour moi, c'est sûr, et cela compte,
Tu resteras où je t'ai mis.

Si belle, c'est la fée, la fée clochette qui m'offrira,
Fidèle, ce beau voyage, dans les nuages on volera

Toulouse 1997
Texte écrit sur commande pour une chanteuse

Où êtes-vous ?

Où êtes-vous ?
Depuis des années je vous cherche
Derrière les regards, les gestes et les paroles.
Chaque fois au coin d'une rencontre,
Je reste là planté en espérant enfin
Que vous allez vous découvrir,
Me faire un signe, vous montrer... quoi !
Non! Rien !
Où êtes-vous ?
Je sais pourtant que vous existez.
Mais je commence à me demander
Si vous êtes aussi nombreux qu'on le prétend.
Alors, pourquoi sur le bord de ma vie
Ne vous ai-je pas encore surpris ?
Les trottoirs sont luisants et sales.
L'air est d'une odeur puante.
Le ciel n'a plus le bleu du beau temps
Et l'asphyxie est là qui nous guette…
Le monde est pollué,
Sauf vous, me dites-vous ?
Alors, pourquoi vous cacher ?
Hier, j'ai demandé aux gens,
Ceux de la rue, ceux de la vie :
En avez-vous vu de ces gens là ?
Ils m'ont répondu :
Oui ! bien sûr, il n'y a que ça…
Mais je sais qu'ils m'ont menti
Car un jour vous les trouverez,
Eux aussi, en train de vous chercher.
Où êtes-vous ?
Allez… faites un effort ! Montrez-vous !
Je sais que vous êtes là.
Mon cœur me l'a dit,
Ma raison aussi.
Vous avez peur, sans doute, mais de quoi ?
Mais oui… Voilà… Ça y est !
J'ai deviné.

Vous avez peur de la mort.
Pas celle du corps, non !
De l'autre,
Celle de votre esprit,
Plus cruelle, plus vraie.
Enfin !
Si vous croyez que c'est l'unique solution,
Le prix de votre salut,
Alors je ne vous chercherais plus.
Mais je regretterais longtemps,
De ne pas vous avoir rencontrés.
Cela m'aurait fait plaisir
De discuter un moment
Avec quelqu'un qui soit sensé,
Avec quelqu'un d'intelligent.

Toulouse 26 Novembre 1974

Que dire

Que dire
Et pourquoi ?

Je traîne mes pensées,
Profondes mais confuses
Je suis le portefaix
De ma carcasse vide
Et de mon sang glacé
Qui sont dépouilles opimes
Que la vie me reprend.

Je suis la pomme mûre
Qui sèche au pied de l'arbre
Déchirée par le bec
De l'oiseau affamé
Qui fuit les champs nocifs
Terres empoisonnées
Pourtant
Je porte au fond de moi
Un rêve inavoué
Innocent
Qui s'effrite au fil du vent
Espoir macroscopique
Un jour de m'élever
Au-dessus de ce monde
De ces gens malheureux
Il palpite doucement
Comme un bourgeon naissant.

La certitude est là
Accrochée à mes actes
Agrippée à ma vie
Qu'un jour nouveau naîtra
Peut être demain
Peut être très loin
Aussi beau qu'une aurore
Sur un désert de sable

Et mon frère le monde
Finira par calmer
Ses luttes intérieures
Ses luttes sanglantes
Qui détruisent son âme
Qui me serre le cœur.

Alors
Tous ces hommes damnés
Finiront par signer
Cette paix mystérieuse
Qui dans l'œuf maternel
A tant de fois bougé
Au risque d'avorter
Et qui a mis au monde
Une humanité chétive
Qui ne parvient jamais
A sauter dans l'espace
D'un autre avenir
D'un autre futur
Qui serait nourri
D'une grande sagesse
Qui serait,
Enfin
Soumis
A l'homme ce bipède.

Joué-les-tours 12 Février 1976

Si tu crois

Si pour toi de l'argent
Vaut bien plus que l'amour
Si pour toi la richesse
Est la preuve de tout
Si pour toi vivre heureux
Consiste à ordonner
Si pour toi le plus fort
Est toujours le vainqueur

Si tu penses que les femmes
Sont de simples jouets
Si tu crois que le monde
Peut toujours s'acheter
Si tu penses que la guerre
Après tout c'est normal
Si tu crois que la paix
Est trop dure à payer

Alors salut ! Moi je m'en vais…

Ramonville-Saint-Agne Février 1969

Invitation

Les aiguilles du temps dessinent avec lenteur
La joie et la tristesse, le décor de nos jours.
Les minutes et secondes sont autant de couleurs
Pour le tableau final sans cesse mis à jour.

Et quand il nous arrive de jeter un coup d'œil
Au passé qui défile, à tout ce qui arrive,
L'on se dit qu'il est bon de ne point vivre seul
Et d'avoir des amis avec qui il fait bon vivre.

C'est pour cette raison que Pierre vous invite
A son anniversaire. Il y aura tout ce qu'il faut,
Pour boire et pour manger, s'éclater en musique
Et même du champagne avec un gros gâteau.

Aussi, je vous conjure, amis, de bien marquer
Cette super soirée dans vos agendas,
Mais surtout venez tous, tenue décontractée
Et de la fête ensemble nous serons tous les rois.

Tournefeuille 3 Novembre 1990
Pour mes 39 ans

Soirée

L'agréable tiédeur de la chambre accueillante,
Peu à peu, nous emmène sur les sentiers du rêve.
Mon corps devient plus lourd et la toute vaillante
Forme qui m'assaillait s'amenuise et s'achève…

Et la petite chambre, prisonnière de ses formes,
Lentement s'agrandit, les brumes incertaines
Où naviguent mes yeux, m'enveloppent, m'endorment,
Je suis parti très loin où tu m'attends, ma reine.

L'irréelle musique est pleine de tendresse.
C'est le fruit merveilleux d'un orchestre de fleurs,
Tandis qu'un vent magique de sa noble rudesse,
De son souffle léger à peine les effleure.

La plus belle de toutes ces plantes merveilleuses
C'est toi, ma jolie rose, éclatante de bonheur.
Tu enivres mon cœur de tes notes heureuses
Qui m'entourent, joyeuses, m'étouffent de fraîcheur.

Brusquement, je me sens devenir papillon,
Je m'envole vers toi, tout frémissant de joie...
Tu ouvres tes pétales comme une invitation
Et tes amies les fleurs sourient de mon émoi.

Bien délicatement, encombré de mes ailes,
Je dépose en ton cœur un long baiser d'amour
Et, doucement, la rose qui était si réelle
S'évanouit et s'estompe et devient toute floue.

Mes lèvres les premières ont compris tout à coup
Que j'étais endormi et… que tu me réveilles,
Chérie, câlinement, par petits baisers doux
Qui remontent, fripons, attaquer mes oreilles.

Toulouse 19 Novembre 1973

Il faut les aider

Il faut les aider les pauvres car ils ne savent pas !
Disait la vieille dame au menton plein de poils, au menton en galoche.
Ils me font pitié avec leur pauvre mine,
Grands, sales, mal rasés, l'œil grand ouvert et hagard,
La face violette par le froid,
Le papier chiffonné à la main…
Ils sont perdus ! Il faut les aider ! disait la vieille dame,
Aussi sale, aussi misérable qu'eux.
Plus misérable même car elle est vieille et laide,
Meurtrie par le froid.
Elle peine pour tirer son sac rempli par les années.
Elle cache humblement son porte-monnaie,
Celui de son seul billet…
Mais son cœur fonctionne encore,
Son carburant c'est la bonté pour un plus crotté, pour un plus ridé.
Il faut les aider les pauvres car ils ne savent pas !

Étranger ! Roumain ! Portugais ! Yougoslave ! Gitan, africain ou arabe !
Quand tu es perdu et qu'on te fiche à la porte,
Quand tu n'as plus rien à manger,
Quand tu travailles pour deux fois rien,
Quand tu passes la nuit au pied d'un escalier,
Quand tu as froid et qu'il fait chaud, là-bas, dans ton pays,
Ne désespère pas.
Une vieille femme,
Aussi misérable, aussi gelée que toi, aussi fatiguée que toi,
T'aidera car tu ne sais pas ce qu'elle sait :
A quelle porte frapper pour aller mendier...

Et moi !
Moi je n'ai pas froid,
Dans mon chaud manteau aux poils encore frais,
Je passe et je vous regarde,
Toi l'étranger et toi la vieille,
Et je souris de ta réflexion, oh ! toi la vieille.
Je la trouve belle, je la trouve triste et je te la vole,
Dans mon esprit l'enferme…

Mais je continue mon chemin,
Mon petit chemin au ventre bien plein,
Car moi… moi, je ne souffre pas !
Je mange, je bois, je dors, je fais l'amour
Et mon cœur bien nourri n'a pas besoin de pitié ni de bonté,
Ces denrées-là sont pour les affamés.
Aussi, la vieille, excuse-moi, si je ne fais que passer,
Sans m'arrêter.
Oui ! Je pourrais peut-être vous aider mais je suis trop pressé
D'aller écrire ces quelques lignes,
D'aller exploiter ta bonté, ta pitié,
En espérant me faire lire par cette société,
Pour qu'elle m'engraisse et me fasse prospère,
Tandis que toi, la vieille, tu continueras, du moins je l'espère,
A me donner de si bonnes idées pour que je puisse poétiser.

A bientôt la vielle.
Je saurai où te retrouver.
Les endroits sont rares où l'on peut mendier.

Toulouse rue de la Dalbade 9 Mars 1973

Quand je serai heureux

Quand je serai heureux,
Il y aura dans un coin de ma terre natale
Une fleur protégée des hommes et des tourments
Et le silence autour, présent à tout moment,
Tendrement veillera sur ses frêles pétales.

Quand je serai heureux,
J'aurai dans ma maison le plus cher de mes rêves,
Celui qui chaque nuit ne me quitte jamais,
Et les fleurs entendront toutes ces voix aimées
Dispersées par le vent qui s'acharne sans trêve.

Quand je serai heureux,
Dans un ciel toujours bleu, il y aura du soleil,
Et l'herbe sera tendre, les arbres chanteront,
Les cloches du matin quelques coups sonneront
Pour dire : « mon ami, c'est l'heure du réveil ! ».

Quand je serai heureux,
Il y aura dans mon lit une femme très belle,
La mère de mes gosses et nous vivrons d'amour,
Nous aurons le même âge mais lequel je m'en fous
Et, sa main dans la mienne, vieillirai avec elle.

Ramonville Saint Agne 25 Août 1973

Ma ville natale

A l'aube je dois partir…
Du haut de la colline,
Appuyé contre la lune,
Je regarde ma jeunesse,
Parée de ses bijoux d'or,
Serrée dans sa robe échancrée
Ouverte sur sa gorge dénudée…

Douce, superbe, voilée,
Dans l'opaque de la nuit,
De ses clins d'œil fripons,
Elle m'invite encore à l'aimer.
De ses yeux malicieux,
Perles noires sur lit de Garonne,
Brillante, enfiévrée, inquiétante
Et sublime, elle tue mon élan et m'empêche de fuir.

Elle est belle, enflammée,
Caressée par mon amie la lune
Qui éclaire mon désarroi.
Elle réveille ma ferveur,
Elle arrache mon silence,
Elle assassine mon ennui,
M'enveloppe et m'écrase.

Je suis à elle.
J'ai du mal à la quitter
Pour quelques jours d'éternité.
Elle est ma ville, elle est ma mère.
Je la fourre dans mon sac,
Sous mes regrets,
Sous mes souvenirs,
Et du bout du cœur je lui envoie
Un doux baiser,
Une âme sœur.
Dors bien petite mère. Adieu.

Toulouse 28 Janvier 1974

Le juge

Il est en face moi, courbé, les yeux fuyants,
Encore sous le choc d'être ainsi accusé
D'un crime crapuleux, aux détails effrayants…
Il joue à l'innocent, cache son air rusé.

Oui ! C'est une évidence… Cet homme est un salaud
Et moi je vais lui faire, c'est sûr, passer l'envie
D'un jour récidiver, en lui faisant cadeau
D'une cellule en fer pour y finir sa vie.

Et les preuves sont là ! Je sais qu'il est coupable…
Dans son sac de clochard, l'inspecteur a trouvé
Le portefeuille en cuir et ce vieux misérable
Affirme qu'il l'a pris sur le corps déjà tué.

Un être comme lui, se saoulant de vin rouge,
Qui traîne dans les rues, sale, pouilleux, voleur,
Qui fréquente la faune des plus infâmes bouges,
Ne pourrait même pas faire un bon balayeur…

Le procureur a dit son court réquisitoire,
Et pris dans mes pensées, je n'ai rien écouté…
Qu'importe ! Cette affaire est une sale histoire
Que je dois, à tout prix, éviter d'ébruiter.

Vous êtes condamné à vingt ans de travaux !
Le vieux a sursauté. Il hausse les épaules
Et tend ses deux poignets. C'est sa destinée.
Il n'a plus qu'à jouer du prisonnier le rôle.

Cet homme a refusé de se battre, de lutter.
Il sait qu'il a servi à tous de subterfuge.
La justice, il la hait… Elle est trop frelatée,
Et, il sait ce qu'il dit : avant il était juge…

La balance pour lui a trop souvent penché
Du côté du plus riche et c'est pour retrouver
Sa dignité perdue qu'il s'est mis à chercher
L'oubli dans la bouteille, assis sur le pavé.

Grenoble 15 Janvier 1974

Je tombe

Je me penche
Et je tombe
Du haut du pont
L'eau noire m'engloutit
Je coule à pic
Je touche le fond
M'enfonce dans la vase
Je me noie
Et je tombe.
Toujours toujours
J'étouffe
Je n'en peux plus,
Je tombe
Tout à coup
Je respire
Le vent m'oppresse
Ma poitrine éclate
Je tombe.
La ville est un point
La terre se rapproche
Je descends
Le vent siffle
Je crie
Je tombe.
Je hurle
Je m'écrase
Je m'éparpille
Je m'écrabouille
Je me disperse en mille morceaux
Et je tombe.
Je tombe
Sur un pont
Je me penche
Et je tombe
Du haut du pont.

Samedi soir

Oui ! Ce soir je m'habille.
Costume velours,
Coudes rapiécés,
Cravate nouée sur col raide un peu lourd.
La glace au cœur brisé
Me renvoie l'image
D'un garçon, aux yeux tristes,
Encore jeune d'âge
Qui ouvre à ses cheveux,
La porte indépendante
D'aller où bon leur semble,
Obstinés à l'idée
D'être domptés ensemble.

Oui ! ce soir je souris
Car je suis décidé
D'aller au fond de ma lucide envie,
De me dévergonder…
Les soirées silencieuses
Qui m'ont tant dévoré,
A la Garonne je les jette comme pestiférées.

Dans la rue Saint Rome,
Il y a, car je le sais,
Une cave profonde qui se dit mal famée
Où il me sera aisé de trouver une fille,
Pas compliquée d'esprit,
Et qui pour se coucher
Ne demande aucun prix.

Oui ! Ce soir je sors.
C'est la première fois
Qu'en tel lieu je pénètre.
Je me sens petit tout au fond de mon être.
L'ambiance oppressée,
La fumée opaque,
La musique démente,

L'éclairage tamisé
Et les regards croisés, aussi durs que Tolède,
M'ont vite électrisé.

Les filles sur la piste'
Ondulent de la croupe
Au rythme saccadé des notes endiablées,
Conscientes des regards,
Fiévreux et caressants,
De tous ces rats de boite,
Aux mines de faux durs,
Qui attendent, confiants,
Qu'elles tombent, épuisées,
Sur leurs genoux cagneux,
Pour envahir leur bouche,
Pour peloter leurs seins,
Et pour glisser les mains
Sous les jupes complices.

La cigarette aux lèvres,
Sans doute, l'air perdu
Parmi cette cohue folle d'individus,
Je cherche, sans vergogne,
Une fille à mon goût
Pour aller l'inviter à se pendre à mon cou.
N'étant pas difficile
Sue le choix des femelles,
Je débusque très vite
Une blonde incendiaire,
Au sourire facile,
La jupe au ras des cuisses,
Les yeux trop maquillés,
Le corsage défait,
Les ongles barbouillés,
Sur laquelle je fixe
Un regard inquisiteur.

La batterie se tait.
Un chant très langoureux,

Obsédant à souhait,
Vient alors annoncer
Que la chasse à la femme
Est déclarée ouverte…

Assise dans son coin,
Ma fine découverte,
Devine le manège
Grossier que je gamberge.
Et d'un regard limpide,
M'affirme qu'elle est prête
Au sacrifice proche,
Invitation précise,
D'une prochaine danse.

Ses grands yeux me regardent.
Elle bat des paupières
Et sans la moindre manière,
Se lève et se dirige
Vers la piste sombre
Où vite l'on s'accouple…
Elle coule ses bras autour de mon cou
Et ventouse parfumée,
Se colle contre moi.
Sa douce et grosse poitrine
Sur ma veste s'écrase.
Ses jambes, longues et fines,
Se lovent aux miennes
Qui tremblent,
Qui flambent...

Le nez dans ses cheveux,
Je libère ma main
Qui part à la recherche,
Dans le creux de ses reins.
Elle palpe,
Elle serre,
S'infiltre sous la toile,
Pour sentir la peau nue

De ce vrai corps d'étoile.

La fille a vibré
Et ses ongles s'enfoncent.
Elle s'agrippe,
Cherche mes lèvres,
Gonflées,
Entrouvertes,
Pleines de fièvres.
Ma main brusquement
S'est jetée sur son sein
Qu'elle broie et pétrit
Pour assouvir sa faim…

Je reprends mes esprits
Et d'une voix enrouée,
Je propose aussitôt
De faire une trouée
Parmi les danseurs,
D'aller nous asseoir, à côté,
Dans la pièce,
Sombre comme le soir.

Je déniche un fauteuil
Dans l'obscurité.
L'un tout contre l'autre,
Je caresse ses jambes, lisses comme le vent,
J'explore tout son corps, comme un serpent mouvant…
Elle attise le feu de mon jeune désir.
Alors crûment je lui demande
De venir prendre un verre chez moi,
Ma piaule est à deux pas d'ici…

Je pose un disque sur le phono
Et la prie de se mettre à l'aise
Tandis que je remplis
Deux verres de Martini.
Elle s'est assise sur le lit
Je la rejoins et près d'elle je m'installe.

Nous buvons sans un mot, pressés…
Ensuite, doucement sur le dos,
Elle se laisse aller…
Et tous mes baisers fous s'échappent du radeau
Trop longtemps sur la mer de l'envie retenus.
Elle n'a pas mis longtemps pour être toute nue…

Nos deux corps emmêlés,
Lentement s'apprécient.
Je l'aime doucement,
Je l'ai à ma merci,
Jusqu'à ce que nos ventres,
Et dans un même élan,
Assouvissent leur faim
Dans l'extase brûlant.

Plus tard un taxi
Est venu la chercher.
Je suis là, tout seul,
Sur mon lit ravagé…
Ma solitude aussi
Ce soir s'est amusée
Et je lui dis bonsoir
Avant de me coucher,
De retrouver mes rêves
Qui chaque nuit se dressent,
Et qui me parlent
D'une éthérée tendresse.

Grenoble 14 Janvier 1974

Mes copains

Mes copains, le café du coin,
Les discussions enflammées,
Les filles qui nous suivaient…
Et la gauloise que l'on se passait
Avec des tapes dans le dos,
Où est-elle ?
Partie en fumée, en souvenir,
Avec le temps, avec la vie.
Alain, Bernard, Hubert, Marc et les autres,
Les rencontres de basket,
Les virées du samedi soir,
Le Gin Tonic et les Beatles,
Les boums d'après-midi,
Les sorties, les espoirs,
Les dimanches à la neige ,
Les descentes d'enfer,
Les coups durs et les conneries,
La trogne des profs,
Les murs du collège
Et l'attente le soir
Devant l'école des filles
De sainte Marie des Champs…

Tout est parti,
Livré, empaqueté,
Pour la poste de l'oubli.

Souvenez-vous,
Pierrot, c'était moi !
Mes airs de guitare,
Vos sarcasmes et vos rires,
Vos mines éplorées quand vous perdiez un match,
La première larme d'amour
D'une première fille
A trois heures du matin
Sur un parking désert…
Les bagnoles poussives

Qui nous avalaient tous,
Et nos chants de guerre, nos paillardes,
La place Wilson,
Le frère pastis
Et les sifflets admiratifs
Pour les nanas qui passaient,
Sans distinction de charme ou de laideur…

Tout est parti,
Livré, empaqueté,
Pour la poste de l'oubli.

Les allumettes aujourd'hui sont brûlées,
Nous avons tous des briquets,
Une femme, un patron,
Des relations et des emmerdements,
Chacun dans notre coin,
Appelé futur, carrière, vie ou temps
Comme vous voudrez !

Mes copains, ma jeunesse,
L'armée au garde-à-vous est loin derrière nous,
Sacrée foutue putain de toujours,
Tu nous as dispersés.
Toi marin, toi para et moi chasseur.
Où sommes-nous ?
Les femmes, l'amour nous ont agrafés trop vite.
Elles connaissaient déjà l'adresse de nos casernes.
Elles nous ont emprisonnés le jour de la quille
Dans leur cage de tranquillité.
Plus de café ! Plus de match !
La télé, les pantoufles
Et les mioches nous attendent…

Tout est parti,
Livré, empaqueté,
Pour la poste de l'oubli.

Je vous laisse un coin de ma vie

Pour ne pas oublier.
Et si jamais vous passez par-là,
Venez boire un coup comme au bon vieux temps.
Et oui ! Déjà…
Où nous rêvions heureux dans nos quinze ans,
Au temps où nous serions des grands.
Des hommes, des vrais, quelle merde !
Si nous avions su à cette époque-là,
Mais à quoi bon …
Nous aurions bu peut-être deux fois plus,
Nous aurions serré deux fois plus fort les filles,
Et couru plus vite derrière notre ballon
Qui doit être maintenant plus qu'un vieux tas de cuir,
Abandonné au fond d'un placard ou sur un tas d'ordures.

Tout est parti
Livré, empaqueté
Pour la poste de l'oubli

Grenoble 12 Mai 1974

Un cri

Un cri
L'enfant est né
Le père rit
Ce sera l'aîné

Un cri
Bébé grandit
Bonjour les pleurs
Père vieillit
Ainsi va la vie

Un cri
L'enfant s'en va
Père supplie
Mais le petit
N'écoute pas

Il faut rester
Pour travailler
Pour devenir
Un salarié
Pour préparer
Ton avenir
Pour devenir
Un homme bien

Un cri
L'enfant s'enfuit.
Il ne veut pas
Vivre si bas
La route est là
Pour lui, le monde
Et les plaisirs
Pas de soucis et de factures
Pas de dettes ni de voitures
Pas de retraite
Pas d'argent

Pas de respect
Que des sourires
Que des amis
La vie est là

Un cri
Le père exige
Qu'il reste là

Un cri
L'enfant a ri
Travaille père
Je suis l'élève
Du fils du Dieu
A ne rien faire.
A soixante ans
Je serai vieux
Mais si mon dos
Se courbe un peu
Sous la fatigue
De ma vie
Mon sourire
Sera fier sera vrai
Sans le reflet
D'un seul regret.

Alors que toi
Toi mon père
Tu es crevé
Ton crâne est vide
Sans photographie
Tu es fatigué
Ton visage amer
Les larmes ont creusé
Des sillons d'amertume
Tu as trop pleuré
Sur tout ce que tu n'as pas fait.

Toulouse Juin 1970

Déclaration d'amour de Chiquita

Le ciel d'un blanc laiteux, d'un air triste recouvre
La place de la Grève par ce jour de misère.
La roue est là, sinistre… C'est l'instrument qui ouvre
La porte des souffrances où la mort vous enserre.

Il n'y a pas eu de grâce offerte au condamné.
Toutes les cordelettes sont là pour l'attacher,
Et la barre luisante, forgée d'un fer damné,
Pour lui briser les os, de sang, n'est pas tâchée…

Et le féroce appât d'un prochain supplice
Attire cette foule, houleuse et grossissante
Qui s'ouvre au bandit fier qui vient d'entrer en lice,
Debout sur la charrette, branlante et gémissante.

Chiquita s'est haussée sur cette croix de pierre,
Et ses grands yeux cernés de brun et de tristesse
N'ont plus le même éclat de tigresse si fière,
Capable de braver un duc ou une altesse.

Ses longs cheveux noirs ont perdu leur brillant.
Son visage est défait, ses jolies mains crispées
Agrippées au rebord aux arrêtes saillantes,
D'un ange pétrifié, elle a pris tout l'aspect.

Sa gorge est asséchée, son regard éperdu
Fouille son cher ami, qui, ses beaux cheveux roux,
Son large torse nu, ses muscles durs, tendus,
Attend et sans trembler qu'on l'attache à la roue.

Truands, voleurs, faussaires, mendiants et spadassins,
Sont tels des papillons attirés par le feu.
La vue d'une agonie d'un confrère assassin
Les grise et les transporte car, cette mort pour eux,

Est le fruit de leur vie… Ils savourent à l'avance
Le spectacle navrant de leur futur trépas.

Ils s'habituent au rite en prenant connaissance
De l'attitude à prendre pour bien franchir le pas.

Malartic le nez rouge a le visage drôle.
Et Jacquemin Lampourde avec son nez busqué
Et son manteau jeté par dessus son épaule,
Courbe sous son chapeau comme pour s'embusquer.

Le Bringuenarille, la tignasse endiablée,
S'acharne sur sa pipe, et il n'est pas tranquille,
Tandis que Piedegris, d'un air bien installé,
Discute avec Tordgueule devant l'hôtel de ville.

Scélérats et filous apprennent les grimaces
Des hommes torturés, apprécient et comparent…
Parfois c'est un ami qui occupe la place
Et c'est impolitesse de manquer son départ.

Un murmure s'élève... Les trois coups ont sonné.
Agostin est couché sur son lit de souffrance.
Le spectacle promet d'être fort assaisonné…
Et, déjà, s'en régale le bon peuple de France.

La barre du bourreau s'élève et va frapper,
Mais, soudain, elle hésite sous la clarté du soir
Car une boule noire qu'on ne peut attraper
Oblige le bourreau à son geste surseoir.

La belle s'est penchée et embrasse la bouche
De son homme en disant, le cœur, brisé, serré,
Son tout dernier je t'aime… Puis, d'un geste farouche
Frappe sans hésiter de sa lame acérée.

La belle sauvageonne a tué son seigneur,
Recueillant son sourire et son dernier soupir.
Sa main n'a pas tremblé, elle a visé le cœur.
Dans un geste d'amour pour l'épargner du pire.

Et le bourreau stupide a perdu son sourire…
Il fixe le couteau, incrédule, se penche
Lui qui n'a jamais su, ni lire ni écrire,
Il voit ces mots gravés dans la nacre du manche

Cuando esta vivora pica
Nos hay rémédio en la botica.

(D'après le Capitaine Fracasse de Théophile Gautier)

Camp militaire Chambaran 1 Mars 1974

Mes poèmes

Que ferais-je sans mes poèmes ?
Et que serais-je sans mes rêves ?
Un homme neuf mais sans bohème,
Un arbre jeune à vieille sève
Ou un robot tout détraqué
Fuyant la mort comme traqué.

Quand doucement le soir descend,
Enveloppant la joie profonde
Qui s'éparpille dans tous les sens,
Faisant sourire un peu le monde,
Mes yeux se ferment, mon cœur s'exalte
Et j'ai envie de faire une halte.

Malgré la haine et la laideur,
Malgré l'ordure et la vieillesse,
Tout ce qui crève avec lenteur
Sans un espoir d'une promesse,
Je continue obstinément
D'aimer la vie, comme un amant.

Je crois en tout. Je m'y oblige…
Et quelquefois à l'improviste,
Un acte fou, mon âme afflige
Qui me démontre qu'il existe,
Emprisonné au fond de nous,
Un pur instinct de mauvais loup.

Si mes épaules ont de la peine
A supporter le poids du temps,
Si dans mon corps, je sens mes veines
Souffrir sous le flot palpitant
De tout ce sang qui ne sait plus
Aller au cœur pour mon salut,

C'est qu'il est temps que je m'abreuve
A la fontaine de mes chansons
Qui sont pour moi toute mon œuvre,
L'unique et la seule boisson
Capable de me redonner
Oui ! cette force de craner.

Mes rimes ne sont pas solides,
Et mon style n'est pas meilleur,
Mais toute la vigueur réside
Dans cet esprit de gouailleur...
Je chante l'amour et la paix,
Les pieds par terre, bien campé.

Quand ma guitare déjà bien vieille,
Gravée de quelques mots d'amour,
Pour m'accompagner se réveille,
Bien calée sur mes deux genoux,
J'oublie vraiment ce qui me pousse
A m'acharner dans cette brousse.

S'il existait un seul miroir
Capable de me renseigner
Sur l'avenir de mes espoirs,
Même si les plus éloignés
S'évaporaient tous en fumée,
L'envie soufflerait animée.

Il faudra donc me pardonner
Si je te parle avec ces phrases,
Elles seules peuvent donner,
Sans peur, qu'un jour, elles ne t'écrasent,
L'illusion d'un coin de bonheur
Emmitouflé près de ton cœur.

De temps en temps, sans crier gare,
Une ombre passe sur mon amour...
Alors, j'ai peur qu'il ne s'égare,
Dans la nuit froide, qu'il meure un jour,

En me laissant, brisé, pleurant,
Devant ces mots, rangés en rang.

Et si jamais, cela était,
Mes chers poèmes se videraient
Comme un vieux fruit tout éclaté.
Je ne crois pas que je pourrais,
Finir ma vie, écrire encore,
Sur le passé baisser le store.

Camp militaire Chambaran 10 Décembre 1973

A tous les hommes

A tous les hommes   Refrain
Je le professe
Il ne vous reste que l'ivresse
Il ne vous reste que l'amour
Pour oublier ce monde fou

Comme les autres
Comme les gens
Pas d'avenir si pas d'argent
Et toi le riche tu fais la vie
C'est pas malin mais je t'envie
Laisse le faible
Oui toi le fort
Arrête-toi fais un effort
Oubliez tout de vos querelles
Et les journées seront plus belles

Dans les revues
Dans les journaux
A la télé sur les canaux
Il n'y a que drames gens en émois
Et la mort guette près de chez moi
Je rêve un jour
De m'envoler
D'avoir les vagues sous mes volets
Mais dans ma caisse emprisonné
Je ne fais rien de mes années

Et ma jeunesse
Fut sans pitié
Pas de partage pas de quartier
J'ai bousculé papa maman
Sans savoir dire des mots aimants
Chômage ou pas
Faut travailler
Pour se payer congés payés
C'est comme un vent de liberté

C'est comme si moi je désertais

Mes chers vingts ans
Sont oubliés
Jolies photos tout est plié
Ma fille me dit : mon cher papa
Pour la voiture ne t'en fais pas !
Et mon épouse
Me prend la main
Elle n'a plus peur du lendemain
Nous discutons du temps du vent
Et sans crier plus comme avant

Toulouse Février 1970

Derrière la fenêtre

Tu es toujours oh tendre belle et jolie enfant
Soumise à ton destin dont tu es la sujette
Et ton regard si droit, parfois un peu méfiant,
Interroge les cœurs, les brise et les rejette.

Il te faudrait pour vivre un monde à ta mesure,
Tu es bien trop fragile pour celui qui t'entoure.
Il t'ennuie, il te pèse, mais toujours à l'usure
Il arrive à te plaire, à lui seul t'enamoure.

Dans ta maison dorée, jolie fille perdue,
Tu cherches sans arrêt l'amitié silencieuse
D'un rayon de soleil, à ta cause rendue,
Allumant dans tes yeux une flamme rieuse.

Pour toi aussi la vie sur le chemin s'écoule,
Dans la course entraînée tu es comme les autres.
Tu ne peux t'arrêter et tu suis cette foule
Qui te pousse, qui te bouge, sur la vague te porte.

T'enflammer chaque fois qu'un nouvel horizon
Ouvre ses portes grandes sur ton cœur isolé,
C'est le prix à payer pour quitter ta prison
Et voler juste un rêve pour un soir désolé.

Rappelle-toi aussi qu'il existe parfois,
Et sans qu'on s'y attende, des instants différents,
Uniques de bonheur, qui redonnent la joie
Et qui pour quelques heures te font quitter le rang.

Rabat Août 1971
Pour ma voisine Brigitte

Foule

Foule
Moi je suis fou
Le qui roule qui bouge
Loin de toi... loin de toi...
Moi je suis fou
Le sur route qui roule
Je ne reviendrai pas

Rouge
Moi je suis roue
Je qui bouge qui roule
Avec toi... avec toi...
Moi je suis fou
Le sur route qui roule
Comment vivre sans toi

Bouge
Moi je suis boue
Je qui roule qui bouge
Trop pour moi... Trop pour moi...
Moi je suis fou
Le sur route qui roule
Jamais on s'aimera

Roule
Moi je suis roue
Le qui bouge qui foule
C'est trop tard... C'est trop tard...
Moi je suis roue
Le sur route qui roule
Je veux mourir pour toi

Tournefeuille
Un jour de vent 1987

L'idée

Là sur la table il y a mon papier
Mais dans ma tête aucune idée
Pourtant
Ce n'est pas le manque de volonté
Si je m'écoutais je m'en irais
Mais tu es là et tu attends
Tu ne dis rien et je comprends

Des larmes tombent sur mon papier
J'ai beau chercher mon cœur se brise
Pourtant
Ma toute belle je croyais qu'avec toi
Je serais devenu un vrai roi
Mais dans ma chambre je tourne en rond
Je suis en mal l'inspiration

Là sur la table il n'y a plus de papier
Il est par terre en boules froissées
Pourtant
J'ai travaillé longtemps et j'ai cherché
Toute la nuit mais sans rien trouver
Tu es couchée sur mon sommier
J'ai pas osé te réveiller

Mes yeux ont mal sur mon papier
Mon dos brisé, découragé,
Pourtant
Au fond de moi je sais, tu diras rien,
Tu t'abandonneras dans mes bras
Et sous mes doigts tu me diras
Combien tu m'aimes petite guitare...

Ramonville Saint Agne 1969

Je me souviens c'était comme ça ...

Quand j'ai voulu devant curé faire de toi ma chose à moi
T'as répondu : t'es le premier, tu es ma vie, emmène-moi
Je me souviens c'était comme ça... Un an plus tard j'étais papa.

Souvent t'étais mouillée de pleurs par le bonheur de mes caresses
Comment t'as fait pour oublier ? Pourquoi tes yeux brillent tristesse ?
Je me souviens c'était comme ça... t'as même crié de sous les draps.

Tu avais l'enfant et ta maison, tu sortais même pour voir maman,
Tu étais libre et même un soir tu t'es offert un bel amant
Je me souviens c'était comme ça... et moi l'idiot qui savait pas !

Bien sûr j'étais parfois jaloux, excuse-moi mais après tout
Je suis un homme, tu étais ma femme et je croyais tenir l'atout
Je me souviens c'était comme ça... mais tans ton cœur sonnait le glas.

Quand tu voulais me raconter ton nouveau plat ou ton ménage
Je te disais : fiche-moi la paix, moi je travaille, passe le fromage !
Je me souviens c'était comme ça... et la radio chantait tout bas.

Tu voulais même que je te parle de mes contrats par le détail
Comme si t'étais capable de t'intéresser à mon travail
Je me souviens c'était comme ça... quand tu criais je comprenais pas.

Puis tu es partie sans prévenir en amenant notre gamin
Je me suis dit : je te connais, tu reviendras le lendemain
Je me souviens c'était comme ça... et j'ai dormi pareil au loir.

Mais aujourd'hui si j'ai compris toute la bêtise qui m'habitait
Tu es trop loin, il y a trop longtemps et le petit a dû te quitter
Je me souviens c'était comme ça... et je suis dans le désespoir

Joué-les-Tours
25 mars 1978

J'ai envie de prendre

J'ai envie de prendre le poivre, le sel,
Ce qui arrache
J'ai envie de prendre la danse, la nuit
Ce qui balance

J'ai envie de prendre la pluie, le vent,
Ce qui exalte
J'ai envie de prendre le poing, la main,
Ce qui avance

J'ai envie de prendre le chaud, le froid,
Ce qui fortifie
J'ai envie de prendre la mer, le ciel,
Ce qui est beau

J'ai envie de prendre la terre, les fleurs,
Ce qui sent bon
J'ai envie de prendre la neige, les monts,
Ce qui est haut

J'ai envie de prendre la route, l'avion,
Tous les voyages
J'ai envie de prendre les rêves, les fous,
Tous les chanteurs

J'ai envie de prendre la vie, les cris,
Tous les amours
J'ai envie de prendre les gosses, les rires,
Tous les bonheurs

Refrain
J'ai envie d'apprendre toujours
Jusqu'au bout... jusqu'au bout
J'ai envie de prendre les gens
Ceux qui donnent... ceux qui donnent

Mon crocodile

Elle a les yeux du crocodile
Les larmes facile
Grosses, lourdes, salées,

Elle a les dents du crocodile
Longues, acérées, nombreuses,

Elle a les écailles du crocodile
Brillantes, larges, solides, impénétrables,

Elle a la beauté du crocodile
Mystérieuse, obscure, effrayante, fascinante,

Elle a la lourdeur du crocodile
Son intelligence, son esprit, sa cruauté

Elle aime les eaux grasses, croupissantes,
Elle aime la chaleur, le soleil, le sable,

Elle dévore tout ce qu'elle aime
N'a d'autres amours que ceux de son ventre

Et pourtant, moi chasseur, je l'aime !

Toulouse 21 janvier 1974

Maroc

La blancheur éclatante
L'ivresse des orangers
Le soleil qui assomme
Les fleurs éblouissantes
La fontaine en céramique
Le moelleux du gazon
Le lézard qui paresse
La servante qui travaille
Le boxer qui s'étire
Le sable de la plage
Les virées dans le sud
L'achat des souvenirs
La visite en médina
La piscine de l'hôtel
Les verres d'orangeade
Les filles bronzées
Les boites à la mode

Voilà mon Maroc !

La cohue de la foule
Le mendiant qui accroche
Le gosse qui s'enfuit
L'épicier qui attend
La gamine qui tisse
Le cul-de-jatte en chariot
Le vieux qui mendie
Les pieds nus sur la route
La tannerie qui empeste
Les mioches en guenilles
Le plat de tajine
La femme voilée
La saleté, les bagarres,
Le muezzin, le ramadan,
L'odeur de la friture
Le flic et sa mitraillette
Les babouches jaunes

Voilà le Maroc !

Rabat août 1970

Ne plus être le même

Si l'aube de la cinquantaine
Était pour moi la bonne aubaine
D'être celui que je veux être
Pour profiter de cette fête

Pour t'implorer à deux genoux
D'une autre vie enfin pour nous
Te demander aussi pardon
D'avoir été souvent si con

Et si un soir ton corps osait
Je t'offrirais mille baisers
Et puis un jour en fin de compte
Partir ensemble au bout du monde

En amoureux, pas du tout sage,
Avec ton sac et nos bagages
Pour te prouver combien je t'aime
Je ne veux plus être le même

Avenue de Muret
26 Octobre 2001

Le nain

Un petit bonhomme
Pas plus haut que trois pommes
Aurait bien voulu devenir l'élu
D'une jolie fille de bonne famille
Qui faisait au moins le double du nain

Alors il lui dit
Le cœur tout hardi
Ce qu'il ressentait devant sa beauté
Elle lui répondit : « Tu es top petit
Tu as ton visage près de mon corsage

Si tu me plaisais
Je t'épouserais
Mais tu es affreux et bien vaniteux
Il ne fallait pas naître comme ça
Pour être un amant il faut être grand ! »

Et c'est tout en pleurs
Et plein de douleurs
Qu'il prit le chemin du cirque au matin
Pour être comique il faut le physique
Et son infortune a fait sa fortune

Maintenant il est
Très riche et comblé
Et beaucoup de femmes à ses pieds se pâment
Que ne ferait pas une fille comme ça
Quand on fait biller pour elle un collier

Une des premières chansons
Toulouse 1972

120

Naissez et grandissez

Naissez et grandissez, moi je suis là
Vivez et mourez vite, moi je suis là
Et dans votre paradis de verre et de béton
Écoutez ce que je dis moi qui suis le vrai démon.

Tu ne fais que rêver à ce que tu ferais
Riche comme un PDG
Tu voudrais t'acheter des autos, des amis,
Des femmes et des tapis, un château et des chiens
Pour garder tout ton bien.

Vous êtes condamnés à vivre chaque jour
A moins que vous soyez
Enfermés comme fou, alors il n'y aura plus
Des bijoux en vitrine, des gosses affamés,
Une femme à aimer.

Et la vie va trop vite, les vrais fous sont pas fous
Et le monde s'agite
Et le monde s'en fout et dans quelques années,
La terre et vos fusées, vos guerres et vos idées
Ne seront que fumée

Naissez et grandissez, moi je suis là
Mourez et venez vite, moi je suis là
Et dans mon paradis de flammes et de remords
Accourez mes amis dès que vous serez morts.

Avril 1970   Plaisance du Touch
Pour une comédie musicale d'adolescents

121

Le nouveau jeu

Prenez un petit amphi
Deux ou trois maigres génies et leur papa
Donnez-leur de l'instruction
Sans oublier le piston ... ça marchera
C'est le nouveau jeu des diplômés
De tous les enfants qui sont bien nés.

Prenez un vrai délinquant
Pas de prison ni de redressement et son papa
L'avocassier prend l'argent
Il connaît pas mal de gens ... ça marchera
C'est le nouveau jeu de la balance
Si t'as pas de fric t'as pas de chance.

Prenez une bonne guerre
La petite armée pépère et son papa
Le fiston sera tué
Mais il sera décoré... ça marchera
C'est le nouveau jeu des généraux
Dans l'armée nous sommes tous égaux.

Prenez un grand Monseigneur
Un de ceux qui n'ont plus peur de leur papa
Ce nouveau pape déconne
Même si ça vous étonne... ça marchera
C'est le nouveau jeu des intégristes
Ils ont coupés les tifs à Jésus Christ.

Si vous n'avez pas compris
La règle du jeu tant pis j'ai mon papa
Je vais changer mes paroles
Et devenir une idole... ça marchera
C'est le nouveau jeu du show business
Plus la peine de faire des politesses.

Joué-les-Tours 8 Mai 1978

La télévision

Boite qui parle, boite à images,
Je suis drogué, je suis en rage
Sais-tu combien je te méprise
Et de colère l'écran je brise.

Quand je t'allume oui chaque soir
Oh tu me grises je veux te voir
Toi le tyran de mon esprit
Qui peu à peu m'aura tout pris.

Quand chaque soir des millions d'hommes
A tes genoux se mettent comme
Le prisonnier le cœur soumis
Tu les appelle du nom « d"amis ».

Chaque maison, chaque famille,
A sa télé neuve qui brille
Et qui exige le sacrifice
D'une soirée à chaque office.

Tout en parlant de l'avenir
Anesthésiant leurs souvenirs
Elle remplace pour tous les vieux
Le feu de bois faute de mieux.

Il n'y a plus d'amour et de tendresse
Les amoureux font plus caresse
Devant le lit trop bien rangé
Qui des étreintes a pris congé.

Le bouton tourne, l'image vole,
Les yeux se fixent comme la colle
Plus de douceur, de discussions,
Ou de lecture ou de passion.

Chambarant 20 Février 1970

Un dieu

Un dieu ça ne sert pas à grand chose...
Juste à passer le pas le jour de ton trépas.
Un dieu ça ne sert pas à grand chose …
Juste à prier beaucoup quand on est malheureux
Un dieu ça ne sert pas à grand chose …
Juste à fermer les yeux des soldats de la foi
Un dieu ça ne sert pas à grand chose...
Juste à donner une âme à tous ceux qui ont froid,

Comment t'as fait pour faire le monde ?
Ah oui c'est vrai ! Tu avais la bombe.
Comment t'as fait pour faire les guerres ?
Ah oui c'est vrai ! Tu avais mon frère.
Pour inventer les mots d'amour
Ah oui c'est vrai ! Tu avais les fous.
Et toi qui parle d'égalité promène-toi dans ma cité
Et sur les joues froides de la statue Marie
Coulent, coulent encore les larmes de la vie.

Un dieu ça ne sert pas à grand chose...
Juste à crier plus fort dans les révolutions.
Un dieu ça ne sert pas à grand chose.
Juste à rester assis au fond d'une prison.
Un dieu ça ne sert pas à grand chose...
Juste à élire un chef qui resserre les lois
Un dieu ça ne sert pas à grand chose...
Juste à porter plus haut la richesse des rois.

Comment t'as fait pour le cancer ?
Ah oui c'est vrai ! Faut pas s'en faire.
Comment t'as fait pour ceux qui meurent ?
Ah oui c'est vrai ! Tu as les chanteurs.
Pour les oiseaux, la mer et l'eau
Ah oui c'est vrai ! Tu es écolo
Et toi qui parle de beauté promène-toi dans ma cité
Et sur les joues froides de la statue Marie
Coulent, coulent encore les larmes de la vie.

Un dieu ça ne sert pas à grand chose...
Juste à rêver parfois à un monde meilleur
Un dieu ça ne sert pas à grand chose...
Juste à ouvrir les bras aux enfants du malheur
Un dieu ça ne sert pas à grand chose...
Juste à donner la pièce au clochard que tu fuis
Un dieu ça ne sert pas à grand chose...
Juste à se battre encore au nom des religions.

Comment t'a fait pour faire la peur ?
Ah oui c'est vrai ! Tu avais l'horreur.
Comment t'as fait les chars d'assaut
Ah oui c'est vrai ! Tu avais Dassault.
Pour inventer les cris d'enfants
Ah oui c'est vrai ! Tu avais le sang
Et toi qui parle de pitié promène-toi dans ma cité
Et sur les joues froides de la statue Marie
Coulent, coulent encore les larmes de la vie.

Toulouse 1992

Et zut et merde !

Quand le matin ton réveil sonne
Pour te lever t'as pas envie
Quand tu voudrais piquer un somme
Et qu'on te serve petit dej au lit

Refrain
Et qu'est-ce que tu dis ?
Et zut et merde... et zut et merde
C'est quand on en a ras-le-bol !

Quand ta voiture démarre pas
Que tu es pressé et même qu'il pleut
Pour t'amener y a pas un chat
Que faire du stop c'est plus un jeu

Puis à midi à la cantine
Quand on t'apporte des pâtes au beurre
Que c'est pas bon pour ton régime
Mais ça t'éclate c'est ton bonheur

Quand ton patron te dit : « Ce soir
Il faut rester encore une heure ! »
Tu avais prévu pour une fois
Oui de sortir et de bonne heure

Et quand tu arrives chez toi le soir
Y a plus personne qu'un petit mot
Comme tu es pas là je sors sans toi
Fais-toi chauffer ce qu'il y a dans le pot

Et quand tu as bien épuisé
Tous les programmes de la télé
Et qu'à cinq heures tu es réveillé :
« Ouvre chéri ! J'ai pas mes clefs... »

Chanson écrite en 10 minutes en sortant de chez DENILLE
Place Esquirol Toulouse 1998

Table des matières

Partitions

LE NOUVEAU JEU

MUSIQUE & PAROLES:
Pierre DABERNAT

131

ET ZUT ET MERDE

MUSIQUE & PAROLES:
Pierre DABERNAT

132

LA VIE DU TRAVAIS CÔTÉ

COUPLET :

REFRAIN :

LE CHERCHEUR DE BEAUTÉ

COUPLET :

REFRAIN :

JE SUIS DE CEUX QUI DISENT ...

COUPLET :

ELLES SONT UN PEU RI - DÉES   ET MÈRE DE FA - MIL -   LE   LES BELLES   A CRO -

OUER   ONT L'AGE DE RA   FIL -   LE   JE SUIS DE CELL EUX   DISENT   QU'ON NE DOIT PAS AI -

MER   NE ME LA POU EK - QUIE   OU LA PLUS EN - FLAN - MÉE

REFRAIN :

C'EST COMME UN GOUT D'ARGEN TE   TE ME TOA 6QER AMBU -   REUX D'A ADA - DER COMMENN 2 CEST TE O UN A NOIR JUL FU

REUX   SUR UNE VIE TROP PLEIN - NE ET DESE DISTIN - GUER   EN REPÉTANT JE

TIENE   D'U NE VOIX FATI -   GUÉE

ATTENTION

ŒUVRES INSTRUMENTALES : NOTER LES 8 PREMIÈRES MESURES DE CHAQUE THÈME (SANS ACCOMPAGNEMENT).

ŒUVRES VOCALES : ÉGALEMENT 8 PREMIÈRES MESURES DE CHAQUE THÈME AVEC PAROLES SOUS MUSIQUE.

ŒUVRES SANS MUSIQUE : NOTER LES 8 PREMIERS VERS OU LES 8 PREMIÈRES LIGNES DU TEXTE.

(ARTICLE 39 DU RÈGLEMENT GÉNÉRAL)

Tire-toi le marin

139

140

UN DIEU

MUSIQUE &PAROLES
Pierre DABERNAT

A TOUS LES HOMMES

PAROLES & MUSIQUE
Pierre DABERNAT

LA · DROGUÉE

la vei-ne ce ruis-seau
Une ai-guil-le qui blesse
En di-cnou-bles en droits
la peau tendr'e-cor-chée

Trou-ée com'un tuy-au
Et des larmes qui percent
Par des doigts mal a-droits

D'une pau-vre accro-chée
l'im-a-ge m'em-pri-son'-ne

Sou-ve - nir cons-ter - né
Pour-le jo-lie mô-me

Et tes grands yeux cer-nés
Brus-que-ment se dé-chi-re

le plai-sir qui se ce-sne
Dans un coeur de cach-mire

Qui se bat et qui grogne

* PAROLES ET MÉLODIE   PIERRE DABERNAT   34. 01. 1374.
* ARRANGEMENT MUSICAL   Catherine BONNY   04.03. 1378

148